예술가를 위한 감정수업

프롤로그

예술가들은 외롭습니다. 무대 위에서는 당당한 내가 되어야 하지만, 무대 뒤에서는 한없이 초라해집니다. 저 또한 음악을 할 때, 지하 연습실의 곰팡내와 울림이 일절 없는 방음실에서 시간을 보내며, 공허함을 느껴왔습니다. 전공을 한 지 10년이 되어, 처음 스스로에게 물었습니다. "음악 왜 하고 있는 거야?" 바보같이 그 질문이 던져지는 순간, 저의 방황은 시작되었고 방황이 현재는 방향이 되어 지금의 제가 되었습니다.

많은 예술가분을 만나면서 얼마나 많은 심리적 고통을 느끼고 있는지 압니다. 입시의 전쟁 그리고 외부의 평가들에 결국 나라는 존재가 흔들리고, 확신을 점점 잃어 자존감이 낮아지는 경우도 많죠. 하지만 여러분이 하는 현재 예술이 많은 사람들에게 감정과 생각을 선물하고 있다는 것을 꼭 잊지 않았으면 좋겠어요.

나라는 가치는 내가 정하는 것입니다. 그러니 외부에 더 이상 나의 존재가치를 맡기지 마세요. 여러분이 지금 걸어온 길들이 절대 헛되지 않고, 의미 있는 순간들을 쌓아 자신만의 성을 만들고 있는 과정입니다. 실패가 두렵고, 미래에 대한 불확실성, 그리고 외부의 평가들이 나의 성을 시끄럽게 하지만, 결국 내가 선택하고 나의 세계를 만들어 나가는 것입니다.

스스로 토닥여주세요. 당신은 이미 태어난 것만으로도 존재가 충분한 사람입니다. 나의 삶이 무겁고, 힘들지만 그렇다고 그런 당신을 자책하지 마세요. 넘어지고, 일어나고를 반복하다 보면 우뚝 서 있는 당신이 되어있을 겁니다.

자신과 끈끈한
유대 만들기

부정적인 마음을
조율하는 법

균형있는

예술가의 삶

한 사람을 바꾸는데 필요한 것은 자신에 대해 아는 것이다.

매슬로우

CHAPTER 1

자신과 끈끈한
유대 만들기

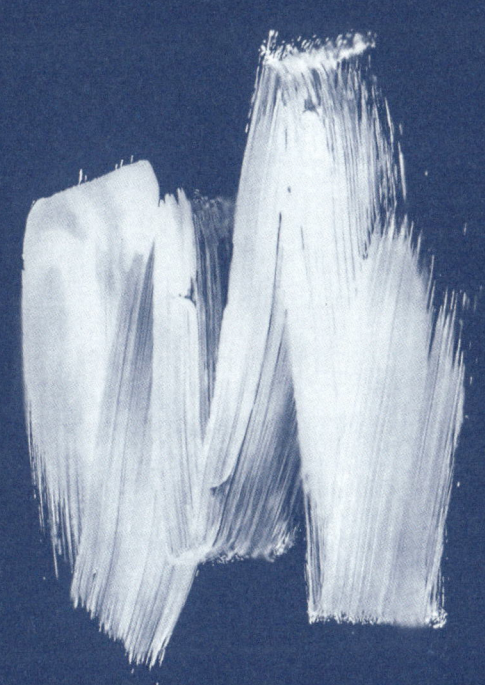

예술가라는
정체성

"나, 비올라 그만할래."

"그래라."

예상과 달리 엄마는 덤덤하게 대답했다. 나는 엄마가 강하게 반대하실 줄 알았다. 엄마에게도 음악이 전부였기에, 내 선택을 거절하거나 화낼 것이라 예상했다. 엄마의 의외로 담담한 태도는 오히려 나에게 커다란 허전함을 안겼다. '비올리스트'라는 이름을 벗어 던지는 순간, 내가 정말 누구인지 알 수 없어서 숨이 막혔다. 그동안 '나는 음악 하는 사람'이라 말하면 되었지만, 더 이상 그 한마디로 스스로를 정의하지 못하게 되었다. 나를 정의해 온 말이 사라지니 내 존재 자체가 공기와 함께 사라지는 것 같았다.

> 인간이 잃을 수 있는 가장 위험한 것,
> 그것은 자기 자신을 잃어버리는 것이다.
>
> 쇠렌 키르케고르

내겐 비올라를 그만두는 순간이 그런 '자신을 잃는' 기분이었다. 언제부터인가 예술가라는 정체성과 나를 구분하지 않고 있었다. '비올라=나'라는 등식이 너무 자연스러워져서, 정작 악기를 놓고 난 뒤에는 내가 어디에 서 있어야 할지 알 수 없었다. 그런데 시간이 지나 보니, 예술 활동이 나라는 존재를 전부 대변할 수 있는 건 아니라는 사실을 점차 깨닫게 되었다. 예술이 없어도 내가 존재한다는 것, 그리고 예술이란 건 내 삶을 표현하는 여러 도구 중 하나일 뿐이라는 자각은 의외로 나를 편안하게 만들어준 안전장치였다.

그렇다고 해서 '예술과 나를 완벽히 분리하라.'는 뜻은 아니다. 에릭 에릭슨은 '내가 누구인가?'를 고민하는 과정을 통해자아 정체성을 발견한다고 했다. 예술가에게 이 고민은 더욱치열할 수밖에 없다. 창작 활동은 내가 세상에 무엇을 말하고싶은지, 어떻게 표현하고 싶은지를 스스로 묻고 답하는 과정이지만 작품이나 무대가 나를 전부 설명할 수는 없다. 무대가사라지고, 박수가 멎은 후에도 내가 남아 있어야 하기 때문이다.

만약 '예술가인 나'와 '인간 윤 솔'을 전혀 구분하지 않으면, 실패나 비판에 마주했을 때 그 상처가 곧 '나' 자체에 대한 부정으로 이어질 위험이 크다. 반면 '작품' 혹은 '연주'와 '내 존재'를 구분하기 시작하면, 비판을 받아도 '이건 작품에 대한평가일 뿐 나 자체를 부정하는 건 아니야.'라고 생각할 여유가생긴다.

한 번의 콩쿠르에서 떨어졌다고 해서 내가 가치 없는 사람이되는 건 아니다. 그런데 '예술가 = 나'라는 공식을 믿으면, 한번의 낙방이 곧 내 삶의 실패로 치환될 수 있다. 이렇게 자기가치를 작품이나 성과에 연결해 두면, 외부가 정해주는 평가에 따라 '나는 무가치한 존재'라는 결론을 야기한다. 반대로 나와 예술가 정체성을 약간 분리해 두면, 한 번의 실패가 생겼을 때 '아, 이 과정에서 무엇을 배울 수 있을까? 다음번엔 다른 시도를 해봐야지.'라는 식으로 유연하게 대처할 수 있다. 이것이 바로 창작 활동을 오래 지속할 수 있는 비결이다.

나는 한때 모든 무대를 완벽하게 해내야만 '비올리스트'라는 이름이 유지된다고 믿었다. 나와 예술가라는 정체성을 분리하지 않으니 완벽해야 한다는 압박을 받았다. 하지만 예술가라는 역할과 나 자신을 구분하기 시작하니, 실수나 시행착오도 좀 더 자연스럽게 받아들일 수 있었다. 작품이 완벽하지 않아도, 무대 위에서 흔들려도, 그게 내 전부가 아니라는 마음가짐이 생기자, 오히려 새로운 시도와 모험을 두려워하지 않게 됐다. 이렇게 얻은 자유는 지속 가능한 예술 또는 다양한 활동이 가능하도록 이끌었다.

삶과 예술의 균형도 달라졌다. '연습 외에 시간을 쓰면 실력이 떨어지지 않을까?'라는 불안 때문에 친구 만나거나 여행에 죄책감을 느꼈다. 나의 존재가 곧 예술만을 의미하지 않는다고 인정하자, 창작 이외의 시간도 소중해졌다. 오히려 친구들과의 수다, 낯선 경험이나 여행이 작품에 대한 영감과 열정을 다시 충전해 주는 좋은 기회가 되었다.

피카소는 파리를 방문했다가 몽마르트르의 자유로운 분위기에 매료되어 정착했다. 주변에 살롱이 많았고, 시인·극작가·화가 등 보헤미안 예술가들이 삼삼오오 모여 작품과 사상을 교류했다. 피카소는 프랑스어가 서툴렀지만, 시인 기욤 아폴리네르, 화가 앙드레 드랭, 앙리 마티스 등과 어울리며 크고 작은 영향을 받았다. 피카소는 낯선 문화와 세계관을 접하고 이전과 다른 시각적 실험에 도전했다. 이후 청색 시대와 장밋빛 시대를 거쳐 마침내 입체주의라는 혁신적 양식을 탄생시키는 토양이 되었다.

"연습하지 않는 것은 예술가로서의 책임감이 떨어지는 게 아니냐?" 반문할 수도 있다. 하지만 실제로는 그 반대다. 외부 평가가 없더라도, 내가 정말 좋아서 예술을 하고, 그 과정에서 즐거움을 온전히 느낄 수 있다면 오히려 더 꾸준히 작업을 이어간다. 압박보다는 자유에서 얻을 수 있는 에너지가 더 크다. 작품이 시장에서 잘 팔리지 않아도, 콩쿨에서 좋은 성적을 못 받아도, 내가 좋아서 '예술가'라는 옷을 입고 있다면, 내면에서 솟아나는 에너지를 쏟을 수 있다.

자유롭고, 열정적인 예술 활동을 통해 정체성을 확립해 나가야 한다. 내가 예술을 왜 하고, 무엇을 표현하고 싶은가를 지속적으로 확인해 나가는 과정이다. 예술은 나를 표현하는 수단이지, 나를 가두는 틀이 아니다.

엄마의 "그래라."라는 반응은 한편으로 나를 무척 당황하게 했지만, 덕분에 '비올리스트 윤 솔'이 아닌 '윤 솔'의 존재 가치는 흔들리지 않아야 한다는 사실을 배울 수 있었다. 시간이 꽤 오래 걸렸지만…. 예술가라는 정체성은 분명 내 삶의 일부지만, 그것이 내 전부가 될 필요는 없다. 삶은 한 가지 이름이나 역할로 규정될 수 없고, 예술은 그 다채로운 삶 속에서 나를 풍부하게 만들어주는 소중한 도구다. 그러므로 내가 언제든 악기를 내려놓아도, 그림을 그만 그려도, 춤을 잠시 추지 않아도, '나는 여전히 나'라는 사실에는 변함이 없다. 예술가라는 정체성의 토대는 나라는 더 큰 토대 위에 만들어진다.

결과보다 과정

미래에 대한 진정한 관심은 현재에 모든 것을 바치는 데
있다.

알베르 카뮈

무대 위에서 화려하게 빛나는 순간만이 예술가를 정의하지
않는다. 그 말처럼, 진정한 예술가로서의 정체성은 화려한 결
과물이 아닌, 그 결과를 이루기까지 반복되는 연습과 시행착
오 속에 있다. 연습실, 화실, 혹은 그 외의 작업실에서 매일 몇

시간씩을 연습하던 사람이라면, 커피 한 잔을 들고 문을 닫는 순간부터 시작되는 고요함과 고립감을 잘 알 것이다. 나에게 연습 시간은 메트로놈 소리에 맞춰 팔과 손가락을 단련하는 과정으로 외롭고 치열한 순간이었다.

외롭고 치열한 연습의 과정이 곧 예술가의 삶이다. 단순히 기교를 익히는 훈련이 아니라, 자기 자신만의 음악적 표현 방식을 찾아가는 긴 여정에 가깝다. 그렇게 매일 연습실로 향하고, 소리만 가득한 공간에서 땀과 시간을 쌓아가는 동안, 나는 무엇을 표현하고 싶은지, 또 어떤 소리를 추구하는지 조금씩 깨닫게 된다. 그런데도 우리는 흔히 무대에서 성공했는지 실패했는지를 기준으로 예술가의 가치를 판단한다. 한 번의 연주가 기대에 미치지 못하면, 마치 모든 노력이 무의미해진 듯 좌절하고, 무대 위에서 받은 평가로 자존감을 결정해 버린다. 그러나 이처럼 결과만을 유일한 잣대로 삼으면, 창작은 언제나 불안정한 평가에 휘둘려버리고 만다.

실존은 본질에 앞선다.

장 폴 사르트르

예술가도 '무엇을 이루었는가?'가 아니라 '어떻게 만들어지고 있는가?'가 더 중요할 수 있다. 예술가의 정체성은 이미 완성된 무언가가 아니라, 계속해서 '스스로를 준비해 가는' 과정이다. 실존은 '자신의 주변과 관계 안에서 어떤 선택과 행동을 하며 있는가?' 라는 의미다. 즉, 결과처럼 고정되고 움직이지 않는 무엇이 아닌, 과정에서 드러나는 유기적이고 변화하는 것이다. 예술가의 실존은 과정에서 발견된다. 어떤 날은 소리 하나에 집착하다가 스스로에게 지쳐버릴 수도 있고, 또 다른 날은 무언가를 깨닫는 희열에 가슴 뛰기도 한다. 오르락내리락하는 감정선 자체도 곧 예술가의 삶이다.

예술가를 판단하는 기준은 단 한 번의 '완벽한 무대'가 아니라, 매일 꾸준히 자신의 작업에 몰두하고, 실패 속에서도 학습하며, 또다시 손가락에 활을 쥐거나 붓을 들 수 있는 태도에 있다. 스스로 어떻게 시간을 보내며 예술가로서 자신을 만들어 가는지, 삶의 태도에서 발현된다.

심리학적 관점에서도, 내재적 동기가 예술 활동을 지속하게 만드는 핵심 동력으로 작용한다는 연구들이 있다. 테레사 아마빌레는 예술가나 작가의 창작 활동을 심층 인터뷰하고 실험적으로 관찰한 결과 내재적 동기가 높은 집단에서 더 창의적이고 지속적인 성과가 나타났다고 보고했다. 이는 외부의 보상이나 압박이 아니라, 스스로 작업에 흥미를 느끼고 몰입할 때 창의성이 발현되고, 오랫동안 예술 활동을 지속할 수 있다는 점을 강조한다.

외부의 칭찬이나 보상만 바라면 무대 하나의 성과에 일희일비하게 되고, 언젠가 그 칭찬이 줄어들면 그대로 열정을 잃을 수 있다. 반면 '나는 이 과정 자체를 좋아한다'고 생각하는 내재적 동기가 있으면, 일시적인 실패나 외부 평가에도 쉽게 흔들리지 않고 계속해서 창작을 이어 갈 수 있다. 예술가에게는 "왜 예술을 하는가, 무엇이 나를 움직이는가?"라는 근본적 질문이 언제나 유효하다.

결국, 연습실 안에서 흘린 시간들이 예술가의 정체성을 만들어간다. 방음이 완벽한 사각 공간에서, 눈을 감고 메트로놈 소리만 들으며 비올라 줄을 켜는 반복적 행위는, 겉보기에 지루하고 고독해 보일 수 있지만, 실제로는 예술적 기량뿐 아니라 내면의 자아를 형성하는 가장 중요한 길이다. 무대 위에서 시선을 한 몸에 받는 순간이 나를 정의한다면, 그 화려한 순간이 지나간 뒤에 나는 쉽게 텅 빈 사람이 될 수밖에 없다. 하지만 꾸준한 연습과 자기 탐구를 통해 '내가 왜 이 길을 걸어왔고, 앞으로 어디를 향해 가려 하는지'를 아는 사람이라면, 설령 관객의 반응이 좋지 않아도 오히려 다음을 준비하는 에너지를 키울 수 있다.

예술가가 무대와 작품에 혼을 다하는 건 당연하다. 관객이 있든 없든, 멋진 연주나 작품을 보여주고 싶은 마음이 예술가의 본성일 수도 있다. 그 본성이 스스로를 옥죄는 감옥이 되면 안된다. 무대는 그 결실을 잠시 맛보는 순간일 뿐이다. 그러니 뜻대로 되지 않았다고 해서 예술적 존재가 무너지는 건 아니다. 우리는 연습이라는 토양에 부지런히 물을 주고, 빛을 쬐게 하며, 때론 가지치기를 통해 형태를 잡아나간다. 하루하루의 미세한 움직임들이 쌓여 예술가의 내면을 탄탄히 만드는 셈이다. 그리고 그 탄탄함을 기반으로 할 때, 예술가로서의 삶은 무대의 성패를 넘어 오랫동안 이어질 힘을 얻는다. 즉, 예술가의 정체성은 '결과'가 아니라 '과정'에서 꽃핀다.

수오지심

사단四端의 하나. 자기의 옳지 못함을 부끄러

워하고, 남의 옳지 못함을 미워하는 마음

맹자

나의 의도가 다르게
받아들여질 때

내가 죽음을 두려워하여 부정에 굴복하지는 않을 것이며, 만약 굴복하기를 거절한다면 나는 죽게 되리라는 사실을 여러분이 용서해주었으면 한다.

소크라테스

소크라테스는 결국 자신의 신념을 지키기 위해 목숨을 잃었지만, 동시에 진정성이나 정체성을 지키기 위해 때로 희생이 필요하다고 한다. 예술가가 작품을 통해 세상에 전하고자 하는 메시지가 오해받거나 왜곡될 때 느끼는 억울함과 힘겨움도 비슷하다.

소크라테스의 태도는 외부 압박에 굴복하지 않겠다는 다짐, 곧 자기 내면에서 오는 확신을 포기하지 않겠다는 결의다. 예술가는 스스로 창작한 작품을 세상에 내놓을 때, 언제나 예측 불가능한 다양한 반응에 부딪히게 된다. 작품이 의도와 다르게 해석되거나, 전혀 예상치 못한 지점에서 비판을 받는 순간은 당혹스럽고 때로 참기 힘든 좌절감을 안긴다.

"왜 내가 진심으로 표현하고자 했던 것이 이렇게 받아들여지지?"

오해 때문에 밤잠을 설치기도 한다. 그러나 예술이란 원래 그렇다. 예술 작품은 작가의 내면 깊숙한 곳에서 나오는 것이지만, 일단 세상에 나오는 순간 작가의 손을 떠나 자유롭게 해석되는 특성을 지닌다. 음악을 듣는 모든 사람, 한 편의 그림을 보는 이들, 한 소절의 시를 읽는 독자들이 각자 다른 감동이나 반응을 보이는 건 자연스럽다. 문제는 내 의도가 왜곡되었다

고 느낄 때, 우리가 얼마나 흔들리는가다. 많은 예술가는

"내 작품을 이렇게 보지 않았으면 좋겠는데."

라고 걱정하지만, 그런 많은 생각들이 쌓인다고 예술 활동을 멈추지는 않았으면 한다. 동시에 창작물을 무수한 해석에 노출되도록 떠나보내는 용기를 가져야 한다. 영화 한 편에 대해서도 각기 다른 해석을 한다. 다양한 해석을 나의 의도와 다르다고 반응할 수도 있지만, 예술품 자체가 생명을 얻어 나간다고 볼 수도 있다. 독자들이 나의 예술품을 통해 해석이라는 즐거운 놀이를 하는 중이라고 생각한다면 좀 더 용기가 날 것이다.

다양한 해석에 대한 노출에 집중하기보다, 예술가는 "내가 왜 이 작품을 만들었는가, 내가 진짜 표현하고 싶은 건 무엇인가"를 질문해야한다. 다양한 해석이 있다고 해서 자신의 의도를 약화할 필요는 없다. 오히려 관객들은 자신의 해석과 작가의 의도 사이에서 발생하는 갈등 사이에서 희열을 느낀다. 영화를 보고 느낀 점이 작가의 의도와 일치할 때, 느끼는 짜릿함

을 관객들도 알고 있다. 예술가는 외부의 해석보다 자신의 의도에 집중하는 편이 낫다.

소크라테스가 죽음을 두려워하지 않고 신념을 지킨 것처럼, 예술가 또한 외부의 요구나 평가에 걸맞게 자신을 바꿔버리면 본질적 정체성을 잃어버릴 위험이 크다. 예술가는 예술을 통해 소통하기 때문에, 관객이 전혀 이해하지 못하는 작업만 계속한다면 소통 자체가 어려워질 수도 있다. 하지만 그 소통의 시작을 내가 표현하고자 하는 핵심 가치나 메시지를 포기하는 식으로 이뤄지면, 어느새 예술가 자신이 작품을 대할 때도 진정성을 잃게 된다. 예술뿐 아니라 삶에서도 마찬가지다. 나와의 관계에서든, 주변 사람들과의 관계에서도 소통할 줄 알아야 한다.

예술가로서의 정체성은 결코 작품의 반응이나 평가로만 결정되지 않는다. 오히려 내가 어떤 가치를 지니고, 어떤 감정을 담아 작품을 만드는지에 따라 본질이 형성된다. 작품이 커다란 칭찬을 받았을 때조차 "이건 나의 진짜 목소리가 맞나?"라고 자문해 볼 수 있어야 하고, 혹독한 비판에 부딪혔을 때도 "그럼에도 이것이 나의 진심이었다."라고 당당하게 말할 수 있어야 한다. 예술적 정체성을 지키면서도 대중과 소통해야 하는 이 어려운 균형을 맞추기 위해서는, 내가 진정 어떤 사람인지에 대한 깊은 이해가 필수적이다. 예술가란 특별한 재능과 표현력을 가진 사람이기도 하지만, 동시에 한 명의 개인으로서 '나는 누구인지'에 대한 질문에 지치지 않고 답을 찾으려는 사람이다.

내 작품의 의도가 본의 아니게 왜곡되었을 때 억울한 기분이 드는 건 자연스럽다. 누군가 내 의도를 완전히 반대로 곡해했다면, 오해를 풀고 설명하고 싶은 마음이 드는 것도 당연하다. 하지만 언젠가는 해명을 해도 통하지 않는 순간이 찾아온다. 결국 모든 상황을 통제할 수 없다는 것들을 받아들여야 한다. 내가 아무리 정성껏 작품의 배경이나 의도를 설명해도, 어떤 이는 여전히 별개의 의미로 받아들일 수 있다.

예술가는 자신의 목소리를 스스로 믿고, '그래도 나는 이것을 표현하고 싶었다.'라는 확신을 유지해야 한다. 그렇다고 오해받을까 두려워 작품에서 전달하려던 메시지를 완전히 제거하거나, 외부의 목소리에 타협해버리면 나의 정체성 자체가 흐릿해져 버린다.

소크라테스가 "죽음이 두려워서 부정하지 않을 것이다."라고 말한 것처럼, 예술가도 비판이나 왜곡, 다른 해석이 두려워서 내 본질을 왜곡하지 않을 것이라고 다짐할 수 있어야 한다. 이 다짐에는 분명 용기가 필요하다. 때로는 나의 길이 대중의 기호와 어긋날 수도 있고, 어떤 평론가나 특정 집단이 신랄하게 비판할 수도 있다. 그럼에도 불구하고 내가 표현하고자 하는 가치와 방향성이 옳다고 믿는다면, 설령 상처를 입더라도 끝내는 내 목소리를 지키는 쪽이 맞다. 왜냐하면 예술이란, 해석에 대하여 열려 있더라도, 결국 '누구나 할 수 없는 나만의 이야기'를 표현하는 일이기에, 그것을 잃는 순간 예술의 의미가 희석되기 때문이다.

당신 내면의 목소리에 집중했으면 한다.
분명한 건 정답은 나에게 있다는 것이다.

특별함을
무기로 만들기

내가 심리 강의를 하러 간 고등학교 복도에서, 한 학생이 내게 물었다.

"선생님, 전 좋은 영향을 주는 사람이 되고 싶고, 멋진 사업가가 되고 싶은데, 애들이 이런 저를 특이하게 볼까 봐 티 안 내려고 선생님한테 일부러 틱틱 거렸어요…. 죄송해요. 전 왜 이렇게 특이할까요?"

"너는 특이한 게 아니라 특별해보여. 타인에게 전하고 싶은 메시지가 있다면, 너 자신을 믿었으면 좋겠다. 직접 이야기해 줘서 고마워."

나는 답했다. 그때 그 학생은 마치 숨겨놓았던 진심을 꺼내 듯 안도하는 표정을 지었다.

대화를 나누던 학생의 눈빛은 누구보다 반짝였고, 아직도 잊혀지지 않는다. 특히 예술이든 창의성을 요하는 일이든 무언가를 표현하려고 하는 순간 주위 사람들의 반응이 뜻밖일 수 있다. "왜 내 확신이 다른 사람 눈엔 이렇게 이상해 보일까?" 하고 좌절하기도 한다.

모든 힘이 자신의 내면에 있다는 사실을 믿고 외부에서 찾지 말라. 오직 나의 두발로 굳건하게 땅을 딛고 서라.

랄프 왈도 에머슨

우리가 가진 진짜 힘은 나 자신을 인정하고 지지하는 데서 나온다. 특이하다는 점도 스스로 인정하고 지지하자. 특이하지 않은 사람은 없다.

특이함을 이렇게 생각하면 좋다. 자신을 '특별'한 사람이라고 받아들이는 편이 좋다. 세상에는 수많은 관점이 있고, 누군가에게 나는 예측 불가능한 존재다. 어떤 집단이라고 불리기 전에 각 개개인이 있다.

추상이라는 말은 영어로 'abstract'라고 한다. 영어 'abstract'는 라틴어 'abstractus'에서 유래한 말이다. 이는 '제거하다'라는 뜻을 가지고 있다. 추상을 하기 위해서는 공통점을 찾고 각 사물의 특징을 제거해야 한다. 동물은 코끼리와 기린의 특징을 제거하고, 공통점인 '엽록소와 세포벽이 없으며, 몸속에 여러 장기를 가지고 있는 다세포인 것'을 뜻한다. 코가 길고, 목이 긴 특징은 사라진다. 우리가 '한국 사람'이라고 말하는 순간 나의 개성이 사라지는 것처럼 말이다. 개인은 그런 의미에서 각각이 특별하다.

나는 틀린 사람이 아니다. 나를 전혀 이해하지 못하거나, 내 의도를 제대로 파악하지 못하는 반응이 있을 수 있다. 이때 '틀렸다.'는 비난에 매몰되지 않고 '특별하다.'는 긍정적 확신을 유지해야 한다. 오히려 타인에게 맞서거나 계속 방어하려고만 들면 지치고 상처투성이가 된다.

각 개인은 모두 다른 꿈을 꾸고, 다른 과정을 거치며, 다른 목표를 향해 나가기 때문에 누구나 특별하다. 나 역시 이전에는 '진짜 내 꿈'이나 '내가 추구하는 방향성'을 다른 사람에게 잘 털어놓지 않았다. 다른 이들의 반대나 부정적 반응이 두려웠고, 그런 의견들을 이겨낼 힘이 없다고 느꼈다. 주변 반응을 전혀 고려하지 않는 척했지만, 정작 내 안에서는 이미 상처와 불안이 쌓이고 있었다. 훗날 돌아보니, 그 시간을 견디며 조금씩 내면을 단련했던 게 결과적으로는 도움이 되었다. 내 '특이함'을 부끄러워하기보다, 이건 분명히 나만의 특별함이라고 받아들여야만 '나는 누구인가?'라는 질문에 진심으로 답할 수 있다.

화가 살바도르 달리는 심각한 메뚜기 공포증이 있었다. 스페인 시골에서 유년기를 보낼 때 메뚜기가 옷 속으로 파고드는 경험을 한 뒤, 메뚜기를 볼 때마다 공포와 혐오를 느꼈다. 주변에서는 "왜 그깟 곤충 하나를 그렇게 무서워하느냐?"고 의아해했다. 하지만 달리는 자신에게 내재된 극단적 예민함의 한 표현이라 여겼다. 그는 메뚜기를 그림 속 기괴한 이미지로 활용해 예술적 개성을 드러냈다. 달리의 메뚜기에 대한 공포는 틀린 것처럼 보였지만, 경험이 만들어낸 특별함이었다. 주위의 비난과 수군거림에 휘말리지 않고, '틀린' 대신 '특별한' 감각이라 여긴 덕분에 달리는 독보적인 작품세계를 펼쳐 보일 수 있었다.

에머슨의 "모든 힘이 자신의 내면에 있다."는 말은 어떤 일을 하든 나를 지키는 가장 강력한 에너지는 '바로 나 자신을 믿는 태도'라는 점이다. 요즘따라 주변이 어수선하고, 내가 붕 뜬 느낌이라면, 그것은 내면의 힘을 키울 기회가 온 것이다. 왜냐하면 내가 중심을 잡지 않으면 계속 모호한 기분에 휩싸이기 때문이다. 소용돌이치는 바깥세상 속에서도 흔들림 없이 서 있으려면, "나만 특이한 것 같다."는 불안을 "나는 특별하다."는 긍정으로 전환하는 과정이 반드시 필요하다.

긍정적으로 나의 특별함을 이해하는 방법은 쉽다. 말 습관을 바꾸면 마음의 근육을 쉽게 키울 수 있다. 무심코 '난 틀렸어.' '너무 예민해.' '아무도 날 이해하지 못해.' 같은 말을 자주 쓰면 스스로 그 부정적 프레임에 갇혀 버린다. "조금 다르지만 괜찮은데?" "지금 당장은 어렵지만 좋은 아이디어야"처럼 긍정적인 표현으로 바꿔 보는 연습이 필요하다. 처음에는 어색하게 느껴질 수 있지만, 말을 바꾸면 생각과 행동도 자연스럽게 바뀐다. 또 사소한 성취에도 "내가 이걸 해내다니 정말 괜찮은데?"라는 식으로 자기 자신을 칭찬하는 습관을 들이면 의식하지 못했던 내면의 자존감을 끌어올릴 수 있다.

누군가 물을 수 있다.

"너는 왜 이렇게 특이해?"

그렇다면 이렇게 생각하자.

'난 특별해.'

내가 바라는 메시지나 목표가 세상과 약간 달라서 생기는 오해나 갈등도, 나의 내면을 더 크고 강하게 만드는 자양분이 될 것이다. 그리고 언젠가 그 특이함이 내가 전하고 싶은 가치와 연결되어 사람들에게 영감이나 의미를 줄 수도 있다. 중요한 건, 내가 나의 가치를 믿고 포기하지 않는 태도에 달려 있다.

'무지'와 '열등감'에서 시작하기

너 자신을 알라.

소크라테스

나는 타인에게는 관심을 기울이면서도 정작 자기 자신을 깊이 들여다보는 순간은 자주 놓칠 때가 있다. 나 또한 시선이 외부로 뺏길때면 심리검사를 진행하기도 한다. 심리검사에는 신뢰성이 높은 객관적인 지표를 사용하는 것들이 많기에, 때로 '내가 이런 사람이었나?' 등의 질문을 나에게 돌리게 해준다.

자기 자신을 보고 싶어 하면서도 동시에 타인이 만들어주는 이미지에 더 익숙해진 탓일지도 모른다. 소크라테스의 "너 자신을 알라."는 사실 '스스로를 알라.'라는 조언이나 '분수를 알라.'라는 충고가 아니라, '내가 얼마나 무지한가 깨달아야 한다.'는 격언이다. '무지의 시작'이 지식의 시작이라고 한다. 자신에 대한 지식도 마찬가지다. '나는 자신에 대해 무엇도 확실히 모른다.'는 사실을 인정해야 비로소 자기에 대한 이해가 출발된다.

예술 활동을 하는 사람이라면, 스스로에 대한 질문이 더 복잡해진다. '예술은 나에게 무엇인가?'라는 질문은 절대 간단치 않다. 더군다나 관객에게 어떤 영향을 주고 싶은지, 사회적 메시지를 전달하려는지, 돈을 벌어서 생계를 유지하려는지 등 다양한 요소가 얽힌다. 내가 무엇을 원하고, 어디를 향해 가고 있는지, 예술이 좋아서 계속하긴 했지만 대답하기는 어렵다. 모호해진 순간을 기피하지 않았다면 좋은 시작을 한 것이다. 스스로 답하지 못하는 질문에 맞닥뜨릴 때 우리는 '아, 내가 나를 정말 모르고 있구나'라는 깨달음과 함께 자신에 대한 지식을 하나씩 쌓아갈 수 있다.

자신에 대한 지식을 타인으로부터 찾게 되면 곤란하다. 나 자신과 타인을 비교할 때 발생하는 열등감은 이 여정을 더욱 복잡하게 만든다. 예술 활동에서도 '내 연주보다 친구의 연주가 더 우수한 것 같다'고 느끼거나, '저 사람은 손재주가 나보다 훨씬 뛰어나네'라는 생각이 들면, 자신에 대해 삐뚤어진 지식을 얻게 된다. 지식의 방향이 달라진다.

모든 열등감이 나쁜 것은 아니다. 알프레드 아들러는 열등감을 인간이 보편적으로 겪는 경험이라 보았고, 그것을 어떻게 받아들이고 극복하느냐가 핵심이라고 했다. 비교 자체가 문제라기보다, 비교 속에서 내가 부정적인 자기 규정을 해버리는 것이 문제다. '나는 왜 이렇게 못하지?'라고만 생각하면 오히려 스스로를 더 옥죄게 된다. 반면 '열등감을 발판 삼아 내 가능성을 계발해 보자'라는 태도는 개인이 성장하고 발전하는 데 큰 동기가 된다.

열등감을 인정할 때, 그 자체가 나를 부정하는 행위가 되지 않도록 주의해야 한다. 약점을 고백하는 일은 부끄러운 게 아니라, 오히려 진짜 나를 알게 되는 자연스러운 과정이다. 아들러는 열등감을 성장의 원동력으로 보았으며, 약점을 인정하는 것은 우월성 추구의 시작이라고 말했다. 열등감은 행동을 자극하지만, 행동의 방향은 내가 선택해야 한다. 다른 사람의 성공을 보고 바닥으로 가라앉아도, '나도 해볼 수 있어.'라고 결심하고 작은 시도를 시작할 수도 있다.

소크라테스의 말과 아들러가 말한 열등감 개념은 결국 '자신을 잃지 말라.'는 비슷한 부분이 있다. 현대 사회의 비교문화는 극도로 발달했다. 소셜 미디어나 대중매체를 통해 타인의 화려한 성공과 행복을 매일 같이 목격하게 만든다. 그때마다 "나는 왜 저렇게 못하지?" "나는 뭔가 뒤처지는 것 같다."라고 생각하지 말자. 열등감은 자기 무지, 즉 '내가 아직 나를 제대로 모를 수도 있다.'는 사실을 인정하라는 요청이다. 그 둘을 무조건 부정하거나 숨기려 하기보다, 그 안에서 학습하고 성장하려는 태도가 더 나은 예술가의 심리적 토대를 배양한다.

예술을 하는 사람이라면 자기 자신에 대한 이해는 곧 창작물의 방향을 결정한다. 무엇을 표현할지, 어떤 감정을 담을지, 자신에 대한 이해가 부족하면 그 목표가 애매해지고 작품 역시 흔들리기 쉽다. 또한 '이게 정말 내가 하고 싶은 예술인가?'

'나는 왜 이 무대에 서는가?' 같은 근본적인 질문을 나중에 떠올리면 혼란스럽기만 하다. 애초부터 '내가 아직 나를 다 알지 못한다.'는 걸 인정하고, 내가 가진 열등감과 혼란도 창작의 한 재료로 삼는다면, 더 이상 나의 약점이 나를 짓누르지 않게 된다. 오히려 강력한 동기가 되어 예술 활동에 독특한 색채를 입혀줄 수도 있다.

반 고흐는 삶 전체에서 끊임없이 내적 갈등과 열등감에 시달렸다. 자신의 정신적 혼란을 주변 사람들에게 솔직히 털어놓기도 했다. 특히 동생 테오에게 보낸 편지들에는 "나는 정말로 화가가 될 자격이 있는가?" "이 길이 과연 맞는 것인가?" 같은 불안이 자주 등장한다. 하지만 현재 누구도 반 고흐가 예술가가 아니라고 생각하는 사람은 없다. 반 고흐는 이러한 내면적 문제를 회피하기보다 오히려 그림 속에 고스란히 담았다.

예술가의 삶은 "나는 이런 사람이야."라고 선언하는 게 아니다. 예술가의 삶은 "내가 아는 건 매우 제한적일 수 있으며, 나는 스스로를 더 탐구할 의향이 있다."는 질문에 대한 태도에서 출발한다. 그러다 보면 어느 날 문득, '아, 이게 내가 가장 원했던 삶이구나.'하고 깨닫는 순간이 찾아올 수 있다. 소크라테스가 말한 '무지를 아는 태도'와 아들러가 말한 '열등감을 발전 동기로 전환하는 힘'이 서로 어우러져 나를 더 깊은 자기 이해 단계로 이끈다.

요약해보자면 첫째, '나는 아직 나에 대해 모르는 게 많다.'라는 사실. 둘째, '내가 느끼는 열등감은 나를 긍정적으로 이끌 수도 있다.'라는 태도. 이 태도가 제대로 자리 잡으면 나의 예술적 표현이든, 인간관계든, 진로 선택이든 보다 자유롭고 안정적인 태도를 갖추게 된다. 예술에서 "자신을 잃지 말라."는 말은 결국 스스로의 본질을 잃지 말라는 말과 같다.

본성을 호되게 때려 쫓아내도
본성은 다시 돌아온다.

호라티우스

스스로를 살피는 방법

스스로 자신을 살피는 방법은 많고 많다. 오히려 정보가 많아서 헷갈릴 정도다. 이럴수록 스스로 질문하고 답을 찾는 것도 좋다. 자존감을 확인하고 싶다면 스스로에게 몇 가지 질문을 해볼 수 있다.

1. 실수를 어떻게 받아들이는지

예술을 하다 보면 완벽한 상태로 결과물을 보여주고 싶어진다. 하지만 결과에서 생기는 실수들을 비난하기보다 그 준비하는 과정에 더욱 집중하고, 내가 후회되는 부분들을 다시 잡아야 한다. 그 실수를 기회로 삼는 자신의 태도가 더욱 중요하다. 결과 하나로 쌓아놓은 나의 과정들을 단정 지어버리는 순간, 스스로 계속 의심하고 옥죄게 될 것이다. 실수를 성장의 발판으로 활용하고 스스로를 냉정하게 분석해야만 한다.

2. 무대 위에서 예술이 나를 위한 것인지 돌아보기

무대에 설 때, 나만의 색깔과 개성을 드러낼 수 있으면 자존감이 올라간다. 반면, 무대 또는 외부의 소리들이 요구하는 기대에만 맞추려 하다 보면 스스로 불편해질 것이고, 우리는 그 감정을 느끼고 있다. 그 상황에서 내게 부담이 되는 이유가 무엇이었는지, 그 기대가 어디서 비롯되었는지 객관적으로 바라볼 필요가 있다.

3. 내가 친구라면 어떤 격려를 해줄지 상상하기

친구들 고민에는 관대하다면, 나의 상황 또한 넓은 마음으로 대하길 바란다. 내 상황을 친구에게 조언해주듯 바라보는 연습은 자존감을 높이는 데 도움이 된다. 친구에게 관대한 것처럼 나 자신에게도 따뜻하고 관대한 시선을 보내고, 구체적인 격려와 지지를 해주려는 노력이 필요하다.

4. 스스로에게 질문하는 습관 기르기

본인에게 일어난 복잡한 상황과 환경 속에서 '왜 이런 기분이 드는지', '내가 원하는 것이 무엇인지' 같은 질문을 스스로에게 던지는 행위는 생각의 근육을 길러준다. 가장 좋은 것은 기록하면서 그 과정에서 나를 돌보는 경험도 하는 것이다. 끊임없이 자문하며 나를 지키고, 자존감도 단단하게 키울 수 있다.

5. 나를 있는 그대로 바라보기

나 자신을 믿는다는 건 생각보다 쉽지 않고, 한편으로는 무겁게 느껴지기도 한다. 그러나 조건을 붙이지 않고, 지금 모습 그대로를 인정하는 시선이 생기면 삶을 훨씬 편안하게 누릴 수 있다. 밥을 먹고, 잠을 자고, 무언가를 배우는 등 일상의 모든 순간을 있는 그대로 받아들이면서 나를 함부로 계산하지 않는 태도가 자신을 지키는 데 도움을 준다.

이렇게 스스로에게 던지는 다양한 질문과 점검은 예술을 대하는 태도뿐 아니라 일상에서도 자존감을 지키는 데 큰 역할을 한다. 나를 살핀다는 것은 우리가 살아가는 지금 이 순간에도 가능하다. 그러니 일상 안에서 스스로를 돌봐주었으면 한다.

자신을 확신하기

　나에 대한 확신은 어려움 속에서도 흔들리지 않는 힘이다. 특히 예술가에게는 작품 활동을 지속하고 자기표현을 이어갈 수 있는 원동력이 된다. 스스로를 과소평가하지 않는다면 배우고 성장하려는 마음이 내 안에서 솟아난다. 변화와 도전에 직면했을 때도 '할 수 있다'는 믿음이 두려움을 기회로 만들어준다. 그러면 스트레스나 불안을 마주해도 내면에 안정감을 유지할 수 있다. 자신을 믿는 마음은 내 속에 작은 안식처를 마련해주고, 힘든 순간에도 차분함을 잃지 않도록 돕는다.

이러한 확신은 대인 관계에서도 긍정적 영향을 미친다. 확신이 있는 사람은 자기 생각을 솔직하게 표현하고, 자연스럽게 신뢰를 주고받는다. 그 결과 상대방도 더 열린 마음으로 소통하며 존중을 표한다. 목표 달성 역시 마찬가지다. 자신을 믿고 준비된 자세로 임하면, 예상치 못한 기회가 왔을 때 붙잡을 수 있다. 매일의 노력이 '운 로또 티켓'을 하나씩 모으는 과정이라면, 확신은 그 티켓을 놓치지 않게 해주는 열쇠가 된다.

앨버트 반두라도 "자기 효능감은 특정 상황에서 필요한 행동을 조직하고 수행할 수 있다는 개인의 믿음"이라고 정의했다. 이 믿음이 높을수록 새로운 과제에 적극적으로 임하고, 삶의 만족도를 높인다고 본 것이다.

실제로 화가 빈센트 반 고흐는 생전에는 거의 인정받지 못했지만, 자신의 예술적 가치를 의심하지 않았다. 극심한 경제적 어려움과 정신적 고통 속에서도 그는 캔버스를 포기하지 않았다. 결국 후대에 사랑받는 예술가 중 한 명이 되었고, 이는 스스로를 믿는 힘이 만들어낸 대표적 사례로 남았다. 결론적으로, 흔들림 없는 자신에 대한 확신은 예술가에게만 국한되지 않는다. 모든 사람이 성장하고 목표를 이루기 위해 꼭 필요

하고 단단한 내적 토대가 된다. 나의 뿌리를 탄탄하게 해야만
새싹들이 자랄 수 있다.

자기 확신은
자기 이해에서

　나를 믿고자 하는 확신은 '자기 이해'에서 시작된다. 이는 단순히 장점만 긍정하는 것이 아니라, 단점과 부족함 마저 스스로 인정하고 수용하는 태도를 의미한다. 칼 융은《영혼을 찾는 현대인》에서 무의식을 탐구하는 과정이 깊은 자기 이해에 이르는 핵심 경로라고 보았다. 즉, 의식하지 못한 내면의 요소와 마주하고 이를 통합해야 비로소 온전한 자기 수용이 가능하다는 뜻이다. 이런 과정을 통해 우리는 '나'라는 존재가 지닌 다양한 면모를 제대로 바라볼 수 있게 되고, 비로소 자신을 있는 그대로 인정하는 믿음이 생겨난다. 이처럼 자기 이해는 스스로를 부정하거나 감추지 않을 수 있는 용기를 북돋아 주고, 내가 누구인지 분명히 알게 해주는 든든한 출발점이 된다.

자기 확신은 이런 자기 이해 위에 만들어진다. 나의 장단점을 있는 그대로 받아들이면, 자신이 가치 있는 존재임을 깨닫게 된다. 칼 로저스의 인간 중심 이론(Person-Centered Theory)에 따르면, 무조건적으로 긍정하는 존중은 인간이 진정한 성장을 이루는 데 핵심 요소이다. 그는 인간이 본래 자기실현(self-actualization)을 향해 나아가는 성장 지향적인 존재라고 보았다.

칼 로저스는 나를 있는 그대로 인정하고, 그 안에서 배움과 발전의 기회를 발견하는 자세가 진정한 자기 이해로 이어진다고 주장했다. 반면, 조건적으로 자신을 받아들이게 되면 편파적인 자기 이해에 빠져 스스로를 파편적으로 인식할 수밖에 없다.

자기 이해와 성장을 위해서는 있는 그대로의 나를 직면할 줄 알아야 하며, 이러한 자기 탐색의 과정을 반복해 나가다 보면 언젠가 내면이 단단해지고, 성장한 자신을 발견하게 될 것이다.

자기 확신은
타인에게 긍정적인 영향을 끼친다

살아가다 보면 타인과의 관계에서도 충돌이 많이 생긴다. 특히나 예술을 하고 있는 상황에서 종종 듀엣을 하거나 함께 창작하는 과정에서도 관계의 분열이 자주 생기곤 한다. 자기 확신은 나를 위한 것이지만, 내 삶의 전체적인 흐름의 리듬이 생긴다. 자기 확신은 타인과의 관계에도 큰 영향을 미친다. 에리히 프롬은 《사랑의 기술》에서 자신을 사랑하고 신뢰하는 태도가 타인에게도 따뜻하고 성숙한 애정을 건넬 수 있게 해준다고 했다. 자기를 믿고 행동하는 사람은 자연스럽게 다른 이들에게 신뢰감을 주며, 상대의 의견 역시 존중하기 쉽다. 마르

틴 부버는 《나와 너》에서 진정한 '나-너' 관계는 상호 존중과 인정에서 비롯된다고 강조했다. 인격적으로 대하는 관계 대신 '나-그것'의 관계는 대상을 이용할 뿐이다. 우리는 타인을 나 자신에 미루어 어떤 기분인지 생각해 볼 수 밖에 없다. 열 길 물 속은 알아도, 한 사람 속은 모른다는 말이 있다. 음흉한 사람의 속내를 일컫는 말이지만, 곰곰히 생각해보면, 우리는 절대로 타인의 마음과 생각을 정확하게 알 수 없다는 뜻이다. 결국 자신의 기분에 미루어 타인의 마음을 짐작할 수밖에 없다. '이런 상황에서는 이런 기분이 들었으니까, 저분도 비슷한 기분일꺼야.' 같은 방식이다.

결국 자신에 대한 이해나 확신 없이는 타인에 대한 마음을 이해할 수 없다. 상호 존중이라는 단계는 나라는 존재에 대한 확신 다음 과정인 셈이다. 나에 대한 인정과 확신이 없이는 상호 존중이 성립할 수 없다. 결국 자기 확신이 있어야 타인의 존재도 온전히 받아들일 수 있다.

자기 확신 연습하기

　우리는 예술의 결과를 위해 연습하는 것처럼 자기 삶의 끝을 위해 우리의 지금 시간들은 연습하는 과정이다. 연습도 하루하루를 채워나가야 하는 것처럼 오늘 하루를 잘 보내야 한다. 자기 확신은 결코 하루아침에 이루어지지 않는다. 스스로를 믿는 연습과 실수를 통해 배우는 과정이 자주 반복될수록, 우리는 조금씩 자신이 원하는 삶에 가까워질 것이다. 윌리엄 제임스는 《심리학의 원리》에서 인간은 태도를 바꿈으로써 인생을 바꿀 수 있다고 말했다. 그는 생각의 방향을 전환하는 작은 시도가 결국 인생 전반에 걸쳐 큰 영향을 미친다고 보았다. 이러한 태도 변화는 우리 내면에 잠재된 힘을 끌어내는 데 필수적이며, 자기 확신을 단계적으로 키우는 데도 직접적인 도움을 준다.

　자기 확신을 쌓는 연습을 하다보면, 불안과 의심이 따라오기 마련이고, 계속해서 불확실함의 두려움이 엄습할 것이다. 하지만 이 과정은 성장의 일부로 받아들여야 한다. 내 안에서의 단단한 집을 만들어야 한다. 꾸준히 나의 목표를 설정하고, 그 목표를 향해 작지만 확실한 발걸음을 내디딜 때 우리는 스스로에 대한 믿음을 다질 수 있다. 부정적인 생각을 긍정적으로 재구성하려는 시도는 삶의 만족도와 자기 효능감 모두를 끌어올린다. 이러한 과정과 태도가 축적될수록 자기 확신도 강해지며, 우리는 자신이 진정으로 원하는 방향으로 나아갈 수 있다. 그러니 예술의 결과를 위한 연습만 생각하는 것이 아닌, 내가 오늘 하루하루 살아가는 과정이 나의 삶을 위한 연습의 시간이라는 것을 잊지 않았으면 한다.

자아상이란 무엇인가?

　자기 자신을 어떻게 그리고 있는지는 심리에서 중요한 부분이다. 自我像(자아상)은 한자를 번역하기만 하면, '스스로의 모습'이라는 뜻이다. 여기서 '自(자)'는 스스로를 의미하고, '我(아)'는 나 자신을 뜻하며, '像(상)'은 형상이나 이미지라는 뜻을 가진다.

　즉, 자아상이란 자기 자신에 대해 떠올리는 모습이나 이미지를 의미하며, 심리학적으로는 개인이 자신의 성격, 능력, 가치 등을 어떻게 인식하는지를 나타내는 개념으로 사용된다.

자아상은 단순히 외모 같은 겉모습에 대한 평가가 아니라, 성격·능력·가치관·사회적 역할에 대한 폭넓은 인식을 포함한다.

이 네 가지 자아상(신체적·심리적·사회적·이상적)은 우리 삶의 다양한 측면에 영향을 미치며, 긍정적이냐 부정적이냐에 따라 행동과 선택, 대인관계에도 큰 차이를 만든다. 자아상은 어린 시절의 가족 환경에서 기초가 형성되고, 학창 시절과 사회생활을 거치면서 구체화된다. 미디어와 사회적 기준은 자아상을 만들거나 흔들 수 있는 중요한 요소가 된다. 성공과 실패, 칭찬과 비판, 외부 기준과 나의 기준과 같은 경험들이 쌓여 나를 바라보는 틀이 만들어지기도 한다. 단, 이 양면적인 요소들이 너무 한쪽으로만 치우쳐져있다면 균형을 맞추기 위해 부단한 노력이 필요하다.

때로 우리는 이 과정에서 넘어지기도 하지만, 자아상을 개선하려는 노력이 꾸준히 이어진다면 충분히 바람직한 방향으로 변화할 수 있다. 자아상은 고정된 것이 아니라 역동적이다. 그래서 우리에게는 때로 혼란스러움을 주기도 한다. 대부분 사람들은 나는 '이런 사람이야.'라고 고정적인 자아상을 생각하지만, 지속적인 사회와 새로운 정보의 영향으로 자아상은 변한다. 성장하기도 하며, 원래의 모습에서 정반대로 그려지기도 한다.

자아상은 예술 전공자들에게 특히 중요하다. 예술은 자기표현의 연장선이기 때문에, 자아에 대한 이해와 내적 확신이 작품에 고스란히 드러난다. 긍정적인 자아상을 가진 예술가는 자신만의 스타일을 개발할 때 더욱 자신감이 생긴다. 예술적 표현이 종종 타인의 평가와 비판에 노출되더라도, 튼튼한 자아상은 나를 지켜내는 방패 역할을 한다. 이 과정을 통해 나라는 뼈대가 생기고, 그 뼈대가 나를 자유롭게 만들어준다. 그리고 창작에서 더 큰 만족과 성취를 느낄 수 있다. 나를 알아간다는 건, 추상적이고 막막하게만 느끼는 사람들이 많다. 그래서 외면할 때가 많다. 하지만, 결국 우리 모두가 자유롭고 자신감이 있는 삶을 살고 싶지 않은가.

랄프 왈도 에머슨은 《자기 신뢰》에서 "자신을 믿으라. 그러면 모든 마음은 그 강철 줄에 맞춰 떨리게 된다."고 말했다. 그는 개인이 스스로를 신뢰할 때, 주변 환경 또한 그 믿음에 응답한다고 보았다. 이는 곧 자아상이 굳어질수록 우리는 자기만의 방향을 확실히 설정하고, 내 삶의 선택에서 주체성을 가지게 됨을 의미한다. 내가 어디로 향해 가고 있는지 알고 있으며, 때로 시행착오들이 나의 길을 헤집어도 그 엉망진창인 안에서도 나의 길을 찾을 수 있다는 말이다. 그 경험을 많은 분들이 했으면 좋겠다.

특히 창작의 영역에서는 이러한 자아상의 확립이 더욱 중요하다. 예술가가 자신의 정체성을 모호하게 느낀다면 작품도 흔들리기 쉽고, 타인의 시선에 과도하게 영향을 받을 가능성이 커진다. 반면, 자신의 가치관과 스타일을 확립한 사람은 창작 과정에서 더 큰 자유를 누릴 수 있으며, 독창적인 표현을 할 수 있는 기반을 마련한다.

하지만 자아상이 굳어진다는 것이 반드시 고정된 상태를 의미하는 것은 아니다. 오히려 단단한 자아상을 가진 사람일수록 변화와 성장의 과정에서 자신을 잃지 않고 유연하게 대처할 수 있다.

결국 자아상을 형성하고 가꿔가는 과정은 예술가를 비롯해 누구에게나 필수적이다. 나라는 존재를 깊이 이해하고, 끊임없이 성장하려는 자세가 곧 자아상의 토대를 만든다. 이렇게 단단해진 자아상은 삶을 주도하고, 원하는 목표와 꿈을 향해 흔들림 없이 나아갈 수 있게 해준다. 그리고 그 힘은 주변에도 긍정적인 에너지를 전파한다.

지금 흰 종이를 꺼내, 나를 한번 그려보고 그 모습이 어떻게 느껴지는지 한번 느껴보고 어떤 말들이 필요한지, 한 번쯤은 나의 삶을 위해 속삭여주길 바란다.

실천 한 줌이

설교 한 무더기보다 더 소중하다.

마하트마 간디

나만의 색깔

　나를 진정으로 믿는 힘은 나만의 길을 걷도록 이끌어준다. 랄프 왈도 에머슨은《자기 신뢰》에서 이렇게 말했다.

　"당신 자신을 믿어라. 결코 모방하지 마라. 매 순간 자기 재주를 내보여라. 평생에 걸쳐 쌓아온 누적된 힘을 보여줘라. 빌려온 남의 재주는 일시적이고 그나마 절반도 채 당신 소유가 되지 못한다. 각자는 조물주가 자신에게 가르쳐준 것을 가장 잘할 수 있다. 당사자가 그 재능을 직접 보여주기 전에는 아무도 그것이 무엇인지 알 수 없고 또 알아낼 수도 없다."

이 말은 우리 내면에 이미 주어진 재능과 가능성을 외부의 잣대에 흔들리지 않고 당당히 펼쳐 보이라는 뜻이다. 에머슨은 스스로를 신뢰하고 표현할 때, 비로소 '진짜 나'와 만나는 과정이 시작된다고 보았다. 모방이 아닌 독창성에 초점을 맞출수록, 우리는 자신만의 고유한 목소리를 낼 수 있다.

이제는 나를 브랜드로 만들고, 그런 나를 세상에 알려야 하는 시대가 왔다. 우리가 마케팅하는 방법들을 배우는 것은 좋지만, 그렇다고 SNS에서 유행하는 똑같은 방법으로만 나를 스토리텔링하게 된다면, 난 결국 회색이 되어있는 공허함을 느끼는 사람이 될 수 있다. 실질적으로 알리는 것도 나의 역할이지만, 마케팅을 하기 전에 나의 내공이 탄탄해질 수 있게 다지는 시간이 우선이어야 한다. 만약 '내가 내공을 쌓는 시간 동안 세상이 날 외면하면 어쩌나?'라고 생각했다면, 아직 본인에 대한 확신이 만들어지지 않았기 때문이다. 그러니 나를 믿고 나의 스토리를 만드는 데에 집중했으면 한다. 공허하지 않고, 나의 삶을 살려면 스스로 계속 탐색하고 숨겨져 있는 나의 잔해들 모두를 발견해 봐야 한다. 그러다 보면 어떤 색이 내 감정을 잘 드러내는지, 끊임없이 찾아보는 과정이 곧 '나'를 만들어 나가는 과정이다. 태어날 때 우리 손에 주어진 재료들은 같다. 그것들을 어떻게 조합하고 어떤 색을 입히느냐는 전적으로 자신의 선택에 달려 있다. 에머슨의 말처럼 자신을 믿고 남의 재주가 아닌, 스스로의 재주를 발견하길 바란다.

그 재주를 발견해 나간다는 것은 우리 삶에서 의미 있는 즐거움이 되고, 온전히 내가 만들어지는 일련의 과정일 것이다.

자격이 없는 사람이라
생각이 든다면?

삶이 부조리하다는 것은, 인간이 어떤 확실한 의미를 찾으려 해도 세계가 그 답을 주지 않는다는 데서 비롯된다. 알베르 카뮈는 《시지프 신화》에서 자기 자신을 직시하고, 그 부조리 속에서 인간으로서의 삶을 살아가는 것이 인간에게 주어진 유일한 의무라고 말했다. 그는 시지프가 끝없이 바위를 산 위로 밀어 올리는 행위를 예로 들며, 성공할 수 없는 과업을 자각함에도 불구하고 그 '부조리'를 인정하고 받아들일 때 비로소 진정한 자유를 얻을 수 있다고 주장했다. 즉, 부조리를 외면하기보다 그 속에서 자신의 존재와 선택을 온전히 책임지는 태도가 인간다움을 실현하는 핵심이라는 의미다. 나 또한 비올라를 전공했지만, 자격이 없다는 생각을 몇 번 아니 몇만 번을 하며 지내왔는지 모르겠다. 사실 상담 심리를 공부하게 된 첫 이유도 잃어버린 나의 잔해들과 자격들을 찾기 위한 나의 몸부림이었다. 아직도 나를 찾아나가고 있지만, 심리를 공부하는 시간에서 찌질한 나를 계속 해서 만난다는 건 너무 고통이고, 수치스러움까지 느껴지곤 한다. 그 경험은 '내가 어디로 가고 있는지' 직시하는 과정이다.

사람들은 왜 음악을 관뒀느냐고 묻지만, 난 비올라를 사랑하는 것이 아닌 나를 존재하게 만드는 수단인 비올라를 사랑했기 때문에 내 인생을 온전히 살아가기 위해서 당장 나에게 비올라가 중요한 것은 아니었다. 심지어 비올라가 아닌 다른 거였어도, 나는 나의 존재를 설명하기 위해 또 적응해 나갔을 거다. 여태까지 비올라를 연주한 시간이 아까워서 놓기 어려웠지만, 이렇게 살다가는 나라는 존재를 못 찾고 도망 다닐 것만 같았다. 그래서 유럽과 미국을 혼자 돌아다니며, 새로운 길을 탐색하고 발견하기 위해 발악했다. 이후 나의 방향을 한발

한발 찾아서 걸을 수 있었다. 눈에 보이지 않던 방향들이 조금씩 보이고, 당장 내가 할 수 있는 것들이 생기고 지금 나는 그것들을 해나가고 있다. 이전에 나의 선택들이 이렇게 무거운 책임감이 되어 현재의 내가 만들어 나가게 될 줄은 몰랐다.

사르트르는 《실존주의는 휴머니즘이다》에서 자유는 인간에게 주어진 형벌이라고 했다. 결국 나 또한 자유로웠지만, 형벌 같았다. 그 누구에게도 말하지 못했다. 내가 선택했기 때문이다. 사르트르의 말에서 모든 선택과 그 결과를 개인이 감당해야 한다는 뜻이며, 자유란 결코 가볍지 않은 책임을 동반한다고 말해준다. 하지만, 난 돌아가도 똑같은 선택을 할 것이다. 우리는 때로 막막함과 두려움을 느끼지만, 그 속에서 '나의 길'을 찾으려 애쓸 때 비로소 존재의 의미를 새롭게 만들어갈 수 있다. 그러니 타인의 기준을 통해 내가 자격이 없는 사람이라고 생각하지 않았으면 한다. 내 자격의 기준은 내가 아는 것이다. 본인의 분야에서 최선을 다해서 더 이상 할 수 있는 것이 없다면, 자격에 대한 객관화한 질문을 통해 스스로를 정립해 보는 것이 필요하다. 소중한 자신을 외부의 평가에 맡기지 않았으면 한다.

자신과의 관계

네 마음은 네가 만들어 낸 생각으로 물들어간다.

마르쿠스 아우렐리우스

마르쿠스 아우렐리우스는 로마 황제이자 스토아 철학자로,
인간이 의지와 판단을 다스릴 수 있다면 어떤 고난에도 흔들
리지 않는 힘을 갖출 수 있다고 보았다. 자신을 진지하게 살피
고, 내면의 가치관과 태도를 끊임없이 점검하는 과정을 통해

삶의 주도권을 되찾으라는 메시지를 전했다.

실제로 스스로와의 관계가 어색하거나 불편하게 느껴진다면, 잠시 시간을 내어 마음을 가라앉히고 '나'에게 말을 걸어보자. 처음에는 "여기까지 고생 많았어."처럼 작은 위로 한마디만 건네도 좋다. 이런 식의 대화가 익숙해지면, 내 안에 존재하는 생각과 감정들이 점점 선명해진다. 마치 자주 사용하는 근육이 단단해지듯이, 자기 자신을 돌보는 습관도 시간이 지날수록 유연하고 자연스러워진다.

자신에게 솔직해지려면, 먼저 내 감정과 생각을 있는 그대로 인지하고, 인정해야 한다. 부족한 부분이 드러나더라도 지나치게 비난하거나 억누르지 않고, "이렇게 부족할 수도 있지."라고 다독여주어야 한다. 우리는 종종 타인에게는 관대하면서, 정작 자기 자신에게는 혹독한 경우가 많다. 하지만 자신에게 다정한 말을 건네며 "괜찮아, 나도 최선을 다했어."라고 인정해 줄 때, 비로소 내면이 편안해지고 주변과 맺는 관계도 부드러워진다.

음악가든 화가든 상담사든 어떤 길을 걷고 있든, 결국 중요한 것은 나와의 관계다. 내가 나를 신뢰하고 소중히 여길 때,

실패나 불안도 쉽게 이겨낼 수 있다. 그 과정에서 예술적 영감을 얻거나, 새로운 삶의 방향이 보이기도 한다. 나를 나답게 만드는 건 결국 내 안에 이미 존재하는 힘이므로, 오늘부터라도 스스로에게 "괜찮아, 지금 이대로도 충분해."라는 말 한 번 건네보는 건 어떨까. 그 작은 실천이 더 튼튼하고 자유로운 내면의 길로 안내해 줄 것이다. 나를 위로하고 나와의 관계에서 풀지 못한 숙제가 있다면, 자신을 위로 하고 스스로에게 전하고 싶은 말을 적어가며 소통해보자.

나에게 전하고 싶은 말

_____

_____

_____

_____

_____

_____

_____

예술가의 자존감

우리 삶에서 자존감은 너무 중요하다. 자존감을 지키면서 살아가는 일은 우리의 숙제다. 자존감은 스스로가 자신을 어떻게 평가하고 가치 있다고 여기는지를 나타내는 심리적 개념이다. 자신을 존중하고 사랑하는 마음이다.

예술가는 자존감을 키우고, 지켜야 한다. 예술가들은 평가를 받는 환경들에 많이 놓여있기 때문에, 나를 지키는 근육을 계속해서 만들어야 한다. 예술가에게 자존감은 단순히 자신을 긍정적으로 바라보는 것을 넘어, 작품과 창작 과정에서 느끼는 '자기 가치'를 의미한다. 이는 예술 활동의 지속 가능성과 예술적 표현의 질을 결정짓는 중요한 요소다. 창작 과정이 종종 개인적 경험과 감정을 작품에 녹여내는 일인 만큼, 자신에 대한 확신이 부족하면 쉽게 지치거나 좌절하기 쉽다.

너새니얼 브랜든은 자존감은 우리가 어떤 존재가 될지, 그리고 목표에 도달하는 방법을 결정한다고 말했다. 즉, 현재 자신의 모습을 알고, 앞으로 어떤 예술가로 성장하길 원하는지를 분명히 인식하는데 자존감이 관여한다. 그리고 그 모습에 다가가기 위해 노력할 때 자존감이 역시 지속적으로 높아질 수 있다.

지향점을 향하는 자존감이 예술에 표현되지 못하면 예술가는 지친다. 롤로 메이는 《자아를 잃어버린 현대인》에서 인간은 독창적 아이디어를 표현 못할 경우, 결국 자기를 배신하게 됨을 지적했다. 이는 예술가가 자기 고유한 목소리를 자유롭게 발휘하지 못하는 상황이, 결국 예술적 열정과 자존감을 약화시킬 수 있음을 시사한다.

예술 분야는 끊임없는 평가와 비교가 이루어지는 경쟁적 환경이기에, 자존감을 유지하기 위해서는 의식적인 노력이 필수적이다. 지나치게 높은 기준을 세워 스스로를 옭아매거나 타인의 성과와 비교하는 습관은 자존감을 떨어뜨리는 대표적 원인이 된다. 대신 현실적이고 달성 가능한 목표를 세우고, 작은 성취를 거듭해 긍정적 경험을 쌓아가야 한다. 더불어 자신만의 강점과 독창성을 인정하는 습관은 예술적 개성과 경쟁력을 동시에 강화해 준다.

정서적 지지와 솔직한 피드백을 주고받을 수 있는 네트워크를 형성하는 일도 자존감 유지에 큰 도움을 준다. 동료 예술가나 멘토, 친구들과 어려움을 나누다 보면, 창작 과정이 힘겨울 때도 심리적 지지가 되어준다. 마지막으로 자신을 돌보는 시간과 긍정적 자기 대화는 필수다. 스스로에게 "괜찮아, 수고했어."라고 말해보는 작은 습관이야말로 내면을 보듬고 자존감을 다져나가는 첫걸음이 될 수 있다.

자존감은 타고나는 것이 아니라 만들어가는 것이다. 예술 전공자들이 창작 과정과 자신을 있는 그대로 인정하고 존중하려는 노력을 지속할 때, 자신의 목소리를 더욱 대담하게 표현할 수 있다. 그리고 그 순간이야말로 진정한 예술적 성취와 내적 만족을 동시에 누릴 수 있는 순간이 될 것이다. 나의 자존감은 내가 만들어낼 수 있고, 이를 계속해서 노력한다면 나는 어느 순간 그 누구와도 비교하지 않는 삶을 살게 될 것이다. 그러니 스스로를 믿고 급하지 않게 나를 보듬어주는 습관들을 통해 나를 사랑하는 과정을 만들어보자.

자기 과거 덜어내기

　과거를 돌아보는 일은 때로 두려움과 맞서는 과정이지만,
그 안에 해결되지 않은 감정을 마주하고 치유하는 길이기도
하다. 니체 또한 과거가 주는 무거움을 솔직히 토로했다.

　나의 과거가 무덤을 부수고 나올 때 산 채로 매장된 많
은 고통이 깨어났다. 그것들은 그저 수의로 밀봉된 채 잠
들어 있을 뿐이다.

프리드리히 니체

니체는 과거의 괴로움이 마치 죽은 듯 가라앉아 있다가도, 어느 순간 불현듯 되살아나 현재의 삶을 잠식할 수 있음을 지적했다. 그는 이런 과거의 고통을 단순히 외면하지 않고, 오히려 정면으로 마주할 때 비로소 자유로워질 수 있다고 보았다.

음악을 했을 때 친했던 친구 한 명은 무대에 서야 할 때마다 스스로를 비판하고 무대 직전까지 땀을 한 바가지 흘렸다. 그 친구와 이야기하다 보니 과거의 무대 경험이 현재까지 온 것이었다. 상담을 진행하면 내담자분의 가족관계나 지금 괴로운 일이나 감정들이 일어난 계기와 비슷한 과거의 경험들을 물어보곤 한다. 결국 현재 내가 일어나는 일에 대한 두려움과 부정적인 감정들은 과거의 일들이 섞여서 현재 상황이 더 크게 느껴질 때도 많다. 우리는 살아가다 보면 나의 스트레스와 상처들을 덮어두고 넘어가게 되는 경우들이 많다. 그만큼 우리가 현재 살아가는 데에 과거의 사건을 이해하고 재해석하는 것 또한 필요하다.

나의 과거를 재해석할 수 있는 건 현재의 나밖에 없다. 물론 그 사건에 함께 연관된 가족들이나 관계들도 현재에 나를 도와주는 경우들도 있지만, 그럼에도 결국 해결해야 하는 건

나 자신이다.

현재의 내가 나의 편에 서서 과거를 다시 해석한다면 그제야 그 상황에서 자유로움을 느낄 수 있다. 예술 활동뿐 아니라 일상에서도, 무대에서 느끼는 과도한 불안이나 평가에 대한 예민함은 해결되지 않은 지난날의 상처와 얽혀 있을 수 있다. 그렇다면 과거의 나를 다시 만나보는 시도를 해보자. 이때 꼭 혼자일 필요는 없다. 신뢰할 수 있는 사람이나 전문가, 책과 영화 같은 매개체도 도움이 된다. 중요한 건 복잡하고 답답했던 기억들을 용기 내어 헤집어보고, 그 안에 잠들어 있던 감정을 마주하는 것이다. 그렇게 부정하고 싶었던 나의 일부를 받아들일 때, 새로운 '나'의 가능성과 함께 더 단단해진 마음을 만날 수 있다. 많은 사람들이 과거를 벗어나 자유로움을 느꼈으면 한다. 과거에서 벗어난 자유로움은 나를 굳건하게 지켜줄 것이다.

우리는 이미 알고 이해하는 것만을 볼 수 있다.

요한 볼프강 폰 괴테

마음 그대로 바라보기

불안과 슬픔이 몰려올 때, 잠시 거리를 두는 연습을 하면서 감정을 있는 그대로 수용하는 태도를 가져야 한다. 그렇게 나 자신을 바라보는 연습을 하다 보면, 비로소 타인과의 관계나 상황에 대해서도 더 복잡하게 생각이 들기보다는, 오히려 복잡하지 않아진다. 그 상대의 말을 있는 그대로 듣고, 만약 이해가 안 가는 부분이 있다면 다시 묻는 그러한 형태로 굉장히 심플한 상황들이 나를 온전하게 만들어주기도 한다.

틱낫한은 《모든 발걸음마다 평화》에서 나쁜 감정이란 사라져야 할 것이 아닌 마음이 보내는 메시지라고 했다. 그는 호흡과 명상을 통해 현재 순간에 집중할 때, 감정의 뿌리를 발견하고 수용하는 힘이 생긴다고 보았다. 즉 불안이나 분노 같은 1차 감정^{인간의 기본이 되는 감정, 2차 감정은 사회적 감정이다}이 올라올 때, 이것을 있는 그대로 알아차리고 돌보는 습관이 중요하다는 의미다.

특히 1차 감정이 자연스럽게 솟아오르는 순간을 억지로 누르거나 부정하지 않는 태도가 필요하다. '내가 지금 화가 났어.' 혹은 '서운함을 느끼고 있어.'처럼, 자신의 상태를 있는 그대로 인식하자. 감정이 오랫동안 사라지지 않고 마음 속에 있다면 2차 감정으로 이어졌을 가능성이 크다. 2차 감정은 과거 기억과 신념, 사고방식 등이 얽혀 만들어낸 감정이다. 자꾸 감정을 되새김질하면 응어리가 생기고, 또 다른 부정적인 감정이 올라온다. 이는 자신감을 흔들 수 있으므로, 스스로 차분히 들여다보고 이해하는 과정이 필수적이다. 가능하다면 수용을 통한 해소가 좋다.

감정을 대화나 소통의 출발점으로 삼을 수 있다면, 관계나 상황을 훨씬 건강하게 풀어갈 수 있다. 타인뿐 아니라 자신과의 소통의 시작점으로 삼아서 불안과 스트레스를 있는 그대로 인정하고 표현할 수 있을 때, 갈등 역시 해결점에 가까워질 수 있다.

결국 예술에서 작품을 위해 연습하듯, 우리 내면과 감정을 다루는 연습도 끊임없이 해나가야 한다. '나는 이 상황에서 이런 감정을 느꼈고, 그것이 왜 두렵고 불안했는지'를 인지하는 일은 자기 이해와 성장의 기초가 된다. 그 감정을 이해하고, 스스로를 있는 그대로 바라볼 수 있는 연습이 조금씩 쌓일 때, 우리는 더 강인하고 단단한 '나'를 만날 수 있다. 그리고 그러한 나를 토대로, 타인을 있는 그대로 존중하고 함께 성장하는 관계를 맺을 수 있게 되고, 그제야 우리는 듀엣을 할 수 있게 된다.

자신감을 키우는 방법

자신감을 키운다는 것은 '자기 자신을 긍정하는 힘'을 기르는 과정이다. 사람들은 종종 자신감이 생기면 뭔가 좋아질 것 같다는 막연한 기대감을 품지만, 정작 구체적으로 무엇이 좋아지고 어떻게 달라지는지에 대해선 모르고 막연히 자신감이 넘치면 좋다고 생각한다. 스스로에게 물어봐야 한다. "내가 자신감을 얻으면, 구체적으로 어떤 변화가 일어나길 바라는가?"라고 말이다.

미하이 칙센트미하이는 《몰입》에서 적절한 도전과 명확한 목표가 있으면 몰입하기 쉽고, 자기 효능감과 자신감이 함께 높아진다고 했다. 그는 사람에게 '자신이 할 수 있다.'는 감각이 있을 때, 새로운 과제에 긍정적으로 접근하고 능동적으로 몰입하게 된다고 보았다.

자신감은 크게 네 가지 측면으로 살펴볼 수 있다.

1. 자기효능감: 특정 과제를 성공적으로 수행할 수 있다는 믿음
2. 자기 수용: 장점과 약점을 있는 그대로 인정하는 태도
3. 회복 탄력성: 실패나 어려움을 겪어도 다시 도전할 수 있는 힘
4. 긍정적 태도: 미래와 자신에 대해 낙관적으로 생각할 수 있는 시선

자신감은 어디서 기인하는가? 그 원인을 내부와 외부에서 찾을 수 있다. 내적 자신감은 나의 가치관과 기준에 근거해 스스로를 지지하는 것이고, 외적 자신감은 타인의 칭찬이나 객

관적 성과가 주는 만족감에서 생긴다. 중요한 건 내외적 균형이다. 내부의 확신이 단단해야 외부 평가에도 흔들리지 않을 수 있고, 외부 성과를 통해 성취감을 느낄 때 다시 내적 동기가 강화된다.

그렇다면 자신감을 구체적으로 키우는 방법은 무엇일까? 먼저 현실성 있는 목표를 세워 작은 성공 경험을 쌓는 것이 중요하다. 너무 큰 목표를 세우기보다, 지금의 능력으로 현실 가능한 수준부터 시작해 보면 된다. 그 과정을 통해 자신감이 조금씩 붙는다.

긍정적 자기 대화를 실천해야 한다. 스스로를 격려하고, 불필요한 자기비판을 줄이는 습관이 필요하다. 여기에 더해 결과를 객관적으로 되돌아보는 태도를 갖추면, 자칫 헛된 자신감에 빠지지 않고 건설적인 성찰을 이어갈 수 있다.

아울러, 실패를 재해석하는 연습도 빼놓으면 안 된다. 실패는 우리가 살면서 늘 경험한다. 실패를 단순히 좌절감으로 생각하기보다는 '이번에는 무엇을 배우고, 어떻게 개선할 수 있을까?'라고 묻는 태도가 중요하다. 그렇게 실패를 학습의 기회로 삼을 때, 오히려 자신감이 더 강해진다. 마지막으로, 정서적·신체적 건강을 유지하는 것도 자신감을 키우는 중요한 요소이다. 마음이나 몸이 지쳐 있으면 어떤 과제에도 쉽게 의욕이 떨어지기 때문이다.

결국 자신감은 '나는 이 일을 해낼 수 있고, 난 지금 그대로도 괜찮다.'는 믿음에서 시작된다. 너무 비현실적인 기대나 남과의 비교보다는, 한 단계씩 성공을 경험하고 자기 목소리를 지지하는 자세가 중요하다. 그렇게 작은 걸음들을 반복하다 보면, 언젠가 나 자신이 꽤 괜찮은 사람이라는 확신이 스며들어 당신의 삶 전반에 긍정적 변화를 가져다줄 것이다.

기쁨을 온전히 누리고자 한다면,
장미를 딸 수 있을 때(바로 지금) 따며 말하라:
'함께 취하고, 사랑하고, 즐기자.'

토르콰토 타소

CHAPTER 2

부정적인 마음을
조율하는 법

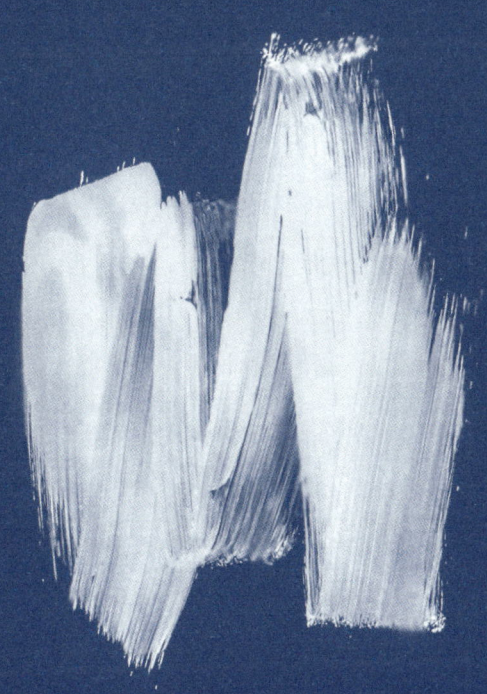

욕망을 활용하라

　욕망은 인간을 움직이는 근본적인 동력이다. 억압당하거나 변형되는 과정에서 때로는 파괴적일 수 있지만, 이를 창조적 에너지로 전환할 줄 알면 삶에 큰 활력을 불어넣을 수 있다.

　무의식에 깊이 자리한 욕망이

　인간의 생각과 행동을 이끈다.

지그문트 프로이트

그는 꿈을 통해 억눌린 욕망이 표출된다고 보았는데, 이는 인간이 욕망을 단순 억압이 아닌 '표현'의 대상이 되기도 한다는 것이다.

특히 예술가에게 욕망은 작품 활동을 가능케 하는 중요한 동력이다. 자크 라캉은 '욕망은 언제나 타자의 욕망'이라고 말하며, 인간이 자신의 결핍을 타인과의 관계나 사회적 맥락 속에서 채우려 한다고 보았다. 이는 욕망이 단지 개인적 충동이 아니라, 서로가 교류하며 만들어가는 복합적 에너지라는 의미다. 예술 창작 과정에서 이 복합적 욕망을 깊이 탐구하고, 표현의 언어로 전환할 수 있다면, 그 자체가 강력한 창조력이 된다.

결국 내 안의 욕망을 부정하거나 외면하기보다, 건강한 방법으로 수용하고 창작에 활용하는 태도가 중요하다. 불완전한 자신을 탓하기보다, '이 욕망이야말로 내가 움직이고 창조하는 이유'라고 인정하고 그 에너지를 가치 있는 방향으로 쓸 수 있다면, 예술적 활동뿐 아니라 삶 전체가 훨씬 풍요로워질 것이다. 그러니 나의 욕망을 가치 있고, 예의 있게 다루는 연습을 해보자.

열등감은 가능성

음악을 했을 때 나의 열등감 중 하나는 단지증이었다. 나는 왼손 네 번째 손가락 한 마디가 짧다. 바이올린보다 컸던 비올라는 그런 나에게는 너무 컸다. 근데 비올라 연주가 힘들 때마다 핑계 대고, 탓하기 좋은 요소가 되어버렸다. 그냥 내가 연습을 안 했을 때도, 무대에서 실수했을 때도 도망가기 너무 좋은 곳이 되어버렸다.

짧은 네 번째 손가락 때문에 비올라를 연주하기 어려웠듯, '열등감'이 누구에게나 존재한다. 연습이 부족하거나 무대 위에서 긴장할 때마다 "손가락 탓이야!"라며 회피했던 모습은 열등감이 단순히 결핍을 의미하는 것이 아니라 자기 삶을 합리화하는 핑계였다. 그러나 그런 나의 열등감을 내가 바꿀 수 없는 것이라고 인정하고 받아들이게 된 이후, 나의 단지증은 발전의 원동력이 되었다. 열등감으로 인한 회피가 나의 안락함인 줄 알았지만, 그 마음을 받아들인 이후 '나'라는 안락함이 생겼다. 동시에 그 열등감이 발전의 원동력이 되었다.

알프레드 아들러는 열등감은 인간의 본성이며, 목표를 향해 노력하게 만드는 동기라고 보았다. 그는 열등감을 철저히 외면하거나 단순 비교 속에서만 해석하는 것을 경계하며, 자기 가능성을 향해 쓰이는 '창조적 에너지'로 재해석하려 했다. 결국 우리가 '부족함'을 어떻게 바라보고 활용하느냐에 따라 삶의 방향이 크게 달라진다.

예술 분야에서도 마찬가지다. 손가락 길이, 목소리 톤, 신체조건 등은 우리가 제어하기 어려운 타고난 부분이지만, 이로 인한 열등감은 내가 통제할 수 있다. 열등감 자체는 온전히 나의 마음이다. 중요한 건 바꿀 수 없는 것들은 받아들이고, 내안에서 극복하는 방법을 찾아가는 것이다. 나만의 테크닉과 표현 방식을 찾아내면 단점을 재해석해 강점으로 바꿀 수 있다.

"못 자랐지만, 모짜르트 같은 사람이 되고 싶다. 곡 안에서 손가락 번호를 새롭게 바꿔서 나의 소리에 더욱 집중할 수 있는 나만의 악보를 만들어야겠다."

내가 일기장에 실제 작성했던 내용이다. 이와 같이 받아들이고, 내가 집중할 수 있는 것을 발견하는 태도를 가지니 열등감이 목표 지향적 에너지로 전환되었다. 밑에 당신이 느끼고 있는 열등감을 재해석 보는 시간을 가져보길 바란다.

나의 열등감을 표현하기
"나는 _____에서 뒤처진다고 느낀다.
그래서 _____할 때마다 불안이 밀려오지만,
오히려 _____를 보완하고 시도해 볼 수 있다.

열등감이 내 새로운 가능성의 시작이다."

끝없이 시도하기

빈센트 반 고흐는 동생 테오에게 보낸 편지에서 "나는 최선을 다하다가 갑자기 게을러지고, 인내심을 발휘하다가 갑자기 조급해진다. 우리는 반복적으로 희망으로 가득 찼다가 절망에 빠진다. 만약 그것이 쉬웠다면, 거기에는 기쁨이 없었을 것이다. 그래서 나는 계속 그림을 그려야 한다고 생각한다."고 전했다. 고흐의 편지에는 성장을 추구하는 예술가의 진솔한 태도가 담겨 있다. 불완전함을 있는 그대로 인정하면서도, 단지 거기에 머물지 않고 계속해서 붓을 쥐어야 한다는 결심이 고흐를 예술가의 길로 이끈 것이다.

실제로 우리 삶 역시 끊임없이 무력해지고, 또 조급해지는 순간들의 연속이다. 가끔은 나 자신을 자책하고, 그러다 다시 급해진 속도에 버거워하며, 어느 날은 그 둘 사이에서 어떻게 균형을 찾아야 할지 막막해지기도 한다. 그런데도 이상하게 우리는 계속 한 걸음씩 걷는다. 이것이 '나'라는 곡을 작곡하는 과정이고, 그 안에서 나의 리듬과 음을 만드는 것이 아닐까 생각한다.

우리는 지속성을 꾸준히 매일 같은 컨디션을 유지하는 것이라고 오해한다. 이보다는 지속성이란 요동치는 삶의 리듬 속에서도 컨디션과 상관없이 꾸준히 시도하는 일이다. 어느 날은 일을 못 할 수도 있고, 어느 날은 기분이 좋아 더 많은 일을 할 수 있다.

컨디션이 떨어지는 것을 지속성에 실패했다고 보는 일은 지속성이라는 삶의 과정을 너무 작게 보는 것이다. 결국 중요한 건 결과물이 아니라, 그 사이사이의 작은 과정에 담기는 우리의 호흡과 감정이다. 내가 지금 앉아 있는 자리에서 느끼는 불안, 슬픔, 혹은 조급함과 함께 차근차근 걸어보는 것이다. 그렇게 복잡하고 지친 마음을 꺼내보면서도, '이 시간이 결코 의미 없는 것은 아니다.'라고 자신을 타이르는 연습을 해볼 수 있다. 그리고 언젠가는, 내가 찾아낸 나만의 리듬이 예술이든 다른 길이든 더 풍성하고 단단한 삶의 길로 안내해줄 것임을 믿어 보자.

유연해지기 연습

단단함만을 고집하는 태도는 때로 우리를 오히려 더 취약하게 만든다. 겉껍질이 단단한 갑각류도 성장하려면 허물을 벗어야 하듯이, 인간 역시 '상처받는 순간'을 거쳐야 한 단계 더 나아간다. 그 과정은 두렵고 몹시 불안하지만, 실수와 실패를 피하기 위해 단단해지려 애쓰는 것만큼 성장의 기회를 놓치는 일도 없다.

실존주의 철학자 쇠렌 키르케고르는 불안은 회피할 수 없으며 인간이 자유를 느끼는 순간 나타나는 필연이라고 했다. 예술가는 표면적으로 자유롭다. 일하는 시간도 정해져 있지 않고, 결과물에 답도 정해져 있지 않다. 그만큼 불안하다. 간혹 불안에 집중하다 보면 자유라는 가치는 보이지 않는다. 불안을 피하려고 외부적으로 '단단한 껍질'을 만들어버리는 순간이 오히려 우리를 갉아먹는다. 상처받을까 두려워 새로운 시도나 모험을 피한다면, 우리는 좀처럼 성장하지 못한다.

키르케고르의 말대로 불안과 자유는 그림자와 물체 같다. 예술 활동을 보면 무언가를 창조하는 과정은 결과가 정해져 있지 않다 보니 언제나 불확실하고 예측 불가능하다. 그러나 이 불안이야말로 예술가에게 자유롭게 표현할 수 있는 활력을 준다. 스스로 원하는 길을 선택하고, 그 길에서 '내가 정말 하고 싶은 것'을 시도해 본다는 점에서, 예술가는 남다른 자유를 누린다. 하지만 바로 그 자유가 또 다른 형태의 부담이 되어, '이 선택이 실패로 드러나면 어쩌지?'라는 두려움을 거듭 안겨준다. 그 두려움을 회피하기 위해 완고하게 '실수를 허용하지 않는 완벽주의'로 자신을 무장하면, 예술적 다양성은 점점 사라지고 작품 세계가 좁아진다.

갑각류가 허물을 벗지 않으면 몸이 더 이상 자랄 수 없는 것처럼, 우리도 불안을 회피하려고 단단해지기만 하다 보면 한계에 부딪힌다. 오히려 그 성장통을 '내가 좀 더 나아질 수 있는 기회'라 여기며 스스로 연약해질 필요가 있다. 다시 기본기로 돌아가던지, 새로운 환경에 처하는 것처럼 말이다. 예술가는 스스로 연약함에 처해 새로운 아이디어를 얻기도 하고, 실패 속에서 새로운 예술적 돌파구를 찾기도 한다. 부드럽고 유연해질 때, 우리는 자신이 가진 잠재력을 좀 더 깊고 넓게 펼칠 수 있다. 스스로 처하는 유연함은 연약함이 아니다.

두려움은 우리가 내면에서
창조한 것에 불과하다.

프랭클린 D. 루즈벨트

완벽주의

적절한 모습을 갖춘 영혼이 완벽하다면, 앞으로 무슨 일이 닥칠지 알 수 있을 것이고, 암시나 상징으로 모험을 알리리라. 그러나 그것을 이해할 능력이 없으므로 그저 어슴푸레 경고만 받을 뿐.

랄프 왈도 에머슨

완전한 예지나 통찰이 가능하다면 인생의 모험도 선명하게 파악하겠지만, 실제로는 인간이 그 정도의 완벽함에 도달하기 어렵다. 삶이란 언제나 희끄무레한 무언가로 다가온다. 우리는 '희미한 환의나 경고'를 받으며 살아갈 수밖에 없고, 그렇기에 완벽을 꿈꾸는 마음은 오히려 번뇌와 무력감을 키운다.

청소년 시절에는 환경이 어느 정도 정해져 있는 경우가 많다. 거대한 울타리인 가정이 나에게 맞춰져 있어 이상을 추구하기 쉬웠을 수 있다. 성인이 되어서는 모든 것이 내 뜻대로 흘러가지 않는다는 것을 알게 된다. 처음 만나는 풍파는 '아무것도 하지 못하게 만드는' 무력감도 느끼게 한다. '실수 없이 완벽하게 살고 싶다.'는 강박은 결국 다양한 시도를 막아 버리기 때문이다. 시도마저 할 수 없는 시간들이 쌓이면 스스로를 무능력하다고 비난하게 되고, 우울도 느끼게 될 수 있다.

완벽의 환상을 내려놓고, 지금 당장 내가 할 수 있는 작고 구체적인 일에 집중하는 편이 좋다. 작은 행동에서 얻는 성취감이 쌓일 때, 스스로 삶의 주체가 될 수 있다.

또한 인간은 완벽을 알아차릴 능력이 부족하다. 완벽은 그 말대로 흠 없음이라는 뜻인데, 어느 인간이 흠 없음을 이야기할 수 있을까? 완벽할 수 없음을 인정하는 일은, 이상을 좇는 예술가의 겸손함이다. 그 어긋남을 자책할 게 아니라 과감히 움직이고 실수하며 배우는 편이 훨씬 인간답다. 완벽은 추구해야 할 이상적인 목표지 현실적으로 완벽한 작품은 없다. 완벽히 결과를 통제할 수 없기에, 현재 내가 할 수 있는 최선을 다하는 것에 집중해서 과정들을 밟다 보면, 나는 조금씩 완성될 것이다.

불안은 어디서 올까?

어느 날, 한 학생이 내게 물었다.

"선생님은 불안한 적 없어요?"
"아니… 너무 많았는데."

그 말이 끝나자, 학생이 조금 멈칫하며 나를 바라봤다.
짧은 정적 속에서 믿기 어렵다는 듯한 표정이 스쳤다.
나는 그 눈빛을 보고 웃으며 말했다.

"그 감정, 나도 잘 알지."

불안은 어디에서 오는 걸까. 나는 그 질문을 오랫동안 마음속에 품고 살아왔다. 단순히 내가 부족해서일까, 상황이 어려워서일까. 하지만 예술이라는 세계 안에서 살아오며 느낀 건, 불안은 결코 단순한 감정이 아니라는 것이다. 어떤 감정보다 섬세하고, 그래서 더 자주 우리를 흔든다.

오케스트라는 등수에 따라 앉는다. 예중을 다닐 때부터 그랬다. 책을 쓰면서 알게 된 사실이지만, 이러한 등수별 배치는 고전주의 시대부터 체계화되기 시작했다고 한다. 그 시기에 '제1바이올린(First Violin)'과 '제2바이올린(Second Violin)'의 구분도 명확해졌다. 제1바이올린은 멜로디를 이끄는 중심 파트로, 제2바이올린은 조화를 이루는 역할을 맡았다. 낭만주의 시대로 넘어오면서 '수석(Principal)'이라는 개념이 생겨났고, 실력과 리더십을 상징하는 자리는 더욱 명확해졌다.

이처럼 예술의 세계는 아주 이른 시기부터 능력에 따른 위계와 대우가 분명했다. 예중, 예고, 음대 등에서도 실기 평가에 따라 서열이 나뉘고, 오케스트라 자리 배치 역시 그 결과를 반영한다. 능력에 따른 대우는 어떤 이에게는 성취감의 지표가 되지만, 누군가에게는 불안과 긴장의 씨앗이 되기도 한다. 경쟁 속에서 '잘해야 한다.'는 마음이 커질수록, '과연 내가 해낼 수 있을까?'라는 불안도 함께 자라난다. 그렇게 우리는 불안과 능력 사이에서, 조용히 '이 자리에 내가 있을 자격이 있는가'를 묻곤 한다.

그렇다면 불안은 꼭 없애야만 하는 감정일까? CBT(인지행동치료) 심리 이론에서는 불안이라는 감정보다 더 중요한 것은 그 감정을 어떻게 해석하느냐라고 말한다. 같은 상황에서도 어떤 사람은 그것을 위기라고 느끼고, 또 다른 사람은 도전이라고 받아들인다. 결국 감정은 억누르거나 참는 것이 아니라, 그 감정을 만들어 낸 생각을 인식하고 다시 바라보는 것에서 변화가 시작된다고 본다.

예를 들어, 무대를 앞둔 순간 '실수하면 끝장이야.'라고 생각하면 불안은 더욱 커지지만, '긴장되는 건 당연해. 내가 이 무대를 중요하게 생각한다는 뜻인 거야.'라고 받아들이면 불안은 한결 덜 위협적으로 다가온다. 예술가에게도 이 방식은 유용하다. 불안에 휩쓸리는 대신, '나는 지금 어떤 생각 때문에 이렇게 불안해졌을까?'라고 자신에게 물어보는 순간, 감정의 크기는 조금씩 작아지기 시작한다. 감정에 휘둘리기보다는 그 감정을 만든 생각의 흐름을 바라보는 것, 그것이 불안과 함께 살아가는 연습일지도 모른다.

외부 환경을 바꾸는 건 쉽지 않지만, 내가 그 상황을 어떻게 받아들이는지는 충분히 바꿀 수 있다. 불안을 '나를 흔드는 감정'으로만 보지 말고, '지금 정말 소중한 것이 무엇인지'를 알려주는 신호처럼 바라보면 좋다. 불안은 우리가 진짜 원하는 것이 무엇인지 비춰 주는 리트머스 종이 같은 존재다.

불안을 직면하다 보면 스스로를 다독이는 말도 생긴다. "무대에서 실수하면 너무 볼품없게 보일까 봐 불안했구나. 볼품없게 보이면 나 자신을 잃을까 봐 두려웠던 거야." 그렇게 가장 가까운 친구처럼 자신에게 말을 걸고, 함께 있어 주다 보면, 불안이라는 감정도 조금씩 받아들여지게 된다. 불안은 늘 괴로운 감정인 줄만 알았지만, 사실은 말없이 곁에 머물며 이해받기를 바랐던 마음의 한 조각이 아닐까?

불안과 함께 나아가기

"나 왜 이렇게 무대에 서기 전에 불안하지? 이럴 땐 어떻게 해야 돼?"

친구가 물었다.

무대에 서는 사람이라면 누구나 할 수 있는 고민이다. 불안은 원하는 바의 그림자다. '완벽하지 않으면 내 가치는 떨어진다'는 두려움이 깔려 있을 수 있다. 무작정 불안을 없애려 애쓰기보다는, "나는 지금 왜 두려운가?"라고 물어보는 편이 훨씬 유익하다. 우리가 무엇을 간절히 바라고 있는지, 불안은 욕망의 메신저다. 비교에서 오는 불안도 같다. "내가 저 사람보다 부족한 점은 무엇이고, 그 부족함을 보완하기 위해 배울 수 있는 부분은 뭘까?" 같이 불안에 대한 해석을 바꾸며, 비교는 긍정적인 동기부여가 될 수 있다.

> 인간은 자유로운 존재이지만, 그 자유를 의식하는 순간 불안이 발생한다.
>
> 장 폴 사르트르

예술가라면 누구나 자신의 예술적 자유와 그 결과에 대한 책임을 동시에 짊어져야 한다. 그 자유는 매혹적이지만, 동시에 불안을 동반한다. 그러니 불안은 피할 수 없는 감정이다. 삶과 가능성이 있는 곳에 불안도 함께 존재한다. 결국 예술을 한다는 건 완벽함을 추구하기보다, 가능성을 수용하는 태도를 갖는 것이다. 불안을 지우기 위해 애쓰기보다는, 그것을 성장의 신호로 바라보고 앞으로의 가능성을 하나씩 짚어가며 대처 방식을 연구해 나가면 불안은 우리를 주저앉히는 감정이 아니라, 앞으로 나아가게 하는 힘이 된다. 작은 실수나 부족함조차 나만의 개성이 될 수 있다.

그렇다면, 우리는 불안을 어떻게 다뤄볼 수 있을까. 심리치료 기법 중 하나인 CBT(인지행동치료)에서는 감정보다 앞선 '생각'을 인식하고 조절함으로써 불안을 다루는 방법을 제안한다. 실생활에서 적용해 보는 방법들이 있다.

1. 자동 사고 기록하기

불안한 상황이 생겼을 때, 마음속에 자동으로 떠오른 생각을 적어본다. 예를 들어, '나는 오늘 연주를 망칠 거야.', '사람들이 날 실망스럽게 볼 거야.' 같은 생각들이 떠올랐다면, 그 생각을 곧이곧대로 믿기 전에 "정말 그런가?"라고 스스로에게 물어보는 것이다. 내가 가진 생각이 사실인지, 아니면 감정에 휩쓸린 추측인지 구분해 보는 연습은 감정에 휘둘리지 않고 상황을 있는 그대로 바라보는 데 큰 도움이 된다.

2. 생각을 균형 있게 다시 써보기

'실수하면 끝이다.'라는 생각이 들 때, 그 감정을 억누르기보다는 '실수해도 괜찮아. 중요한 건 내가 이 무대를 진심으로 마주하고 있다는 사실이야.'라고 조금 더 현실적이고 다정한 문장으로 바꿔서 글로 직접 작성해 보는 것이 좋다. 이런 문장은 불안 속에서 나를 지지해 주는 심리적 '버팀목'이 되어주기도 한다.

3. 감정 일기 쓰기

매일 짧은 시간이라도 감정 상태를 기록하는 습관을 들이면 좋다. 오늘 어떤 일이 있었고, 그 상황에서 어떤 생각과 감정을 느꼈는지 적어 보는 것이다. 글로 써 내려가는 과정은 나를 관찰하고 이해하는 데 효과적이며, 불안이 어떤 순간에, 어떤 생각과 연결되어 나타나는지를 더 선명하게 보여준다.

이러한 연습들은 감정을 억누르는 기술이 아니라, 감정과 생각 사이에 잠시 멈춤을 만드는 일이다. 이 멈춤은, 불안이 나를 휘감기 전에 내가 나를 중심에 세울 수 있도록 돕는다. 불안을 없애야 할 감정으로 보기보다, 함께 살아갈 수 있는 감정으로 받아들이게 되는 과정. 그것이야말로 불안과 함께 나아간다는 것의 진짜 의미일지도 모른다. 불안을 안고 나아가는 법, 그게 진짜 용기다.

평가에 대하여

"비올라 부문, 1등 없는 2등."

누군가 듣기엔 꽤 괜찮은 결과처럼 보일지 모르지만, 막상 그 말을 들은 나는 묘하게 기분이 나빴다. 왜 굳이 1등 없음을 강조하는지 찝찝했고, 어쩌면 타인의 평가에 내 마음이 휘둘린다는 사실이 더 괴로웠는지도 모르겠다. 돌이켜보면 예술계에서 등수와 순위, 객관적 지표라는 게 얼마나 애매한 것인지 익히 알고 있었으면서도, 막상 숫자로 드러나면 그저 흔들리고 마는 나 자신을 보며 마음 한구석이 더욱 답답해졌다.

당신이 지혜, 절제, 정의, 용기와 같은 것들을 의심할 바 없이 좋은 것이라고 생각한다면 대중들이 좋다고 평가하는 것에 더는 귀를 기울이지 않을 것이다.

마르쿠스 아우렐리우스

예술에는 정답이 없다고들 하지만, 우리는 때때로 무대에 올라 '정답이 있으면 얼마나 편할까'하고 소망한다. 예술이라는 무형의 세계는 늘 예측 불가능하고, 평가도 다르다. 그 안에서 한 명의 예술가는 수시로 갈피를 잡지 못하고 흔들린다. 작은 콩쿨 하나에도 마음을 쏟아붓고, 그 결과가 뜻대로 나오지 않을 때면 자책과 혼란에 빠진다.

평가와 시선에서 자유하자. 예술에는 맞고 틀림이 없다. 타인의 시선에 휘둘리지 않는 길을 찾으려면, 마르쿠스 아우렐리우스가 말한 지혜, 정의, 용기, 절제 같은 내적 기준을 마련해야 한다. 내 안의 신념과 가치를 분명히 알면, 주변의 평가가 마냥 시끄럽게 들리지는 않을 수 있다. 물론 그렇다고 해서 불안이 사라지는 건 아니다. 무대에 서서 연주나 작품을 발표할 때마다 심장은 빠르게 뛰고, 머릿속은 복잡해지며, 때로는 '이 길이 맞나?'라는 의문이 몰려올 것이다. 자신을 단단히 다져야 한다. 외부의 풍파 가운데 단단하게 다질 수 있는 것은 자신뿐이다.

에피쿠로스 철학에서 말하는 '아타락시아(Ataraxia)'는 '흔들리지 않는 평정' 또는 '내적 평온'을 의미한다. 예술가가 무대 위에서나 작업실에서나 자신의 중심을 잃지 않으려면, 이 아타락시아의 상태를 유지해야 한다.

아타락시아의 상태를 유지하려면 정기적으로 산책을 하며 자연에 자신을 노출하면 좋다. 에피쿠로스는 정원을 지어 제자들과 함께 평정을 찾는 시간을 가졌다. 디지털기기를 꺼두고 잠깐 산책을 하며 자신만의 아타락시아를 찾을 수 있다. 산책을 하며 다른 곳으로 자신의 관심을 돌리면 마음의 여유가 생긴다.

산책을 하며 스스로 메타인지를 하는 태도를 가져보자. '왜 내가 이 길을 선택했고, 지금 어디로 가고 있는지.'를 묻는 태도가 필요하다. 당신이란 존재는 배다. 계속 강조하지만 메타인지는 자신의 통제 범위를 확인하는 행위다. 우리는 흔들림을 없앨 수 있다고 생각한다. 하지만 대부분의 흔들림, 즉 불안은 삶이 지속되는 한 상존한다. 그러니 메타인지를 통해 내가 컨트롤할 수 있는 부분과 아닌 부분을 나눠야 한다. 거대한 파도에서도 배의 키를 꼭 본인이 쥐고 핸들링해야 한다. 파도에 키를 맡기지 말자. 힘들어도 키는 자신의 소유여야 한다. 진짜 무서운 순간은 외부의 평가가 아니라, 평가에만 매달려 내 목소리를 잃어버리는 순간이다. 키를 손에 쥐고 있을 때 비로소 자유로워진다. 온전히 내가 추구하는 예술의 본질에 충실하다면, 설령 외부의 반응이 기대와 다르더라도 허망하지는 않을 것이다. 그 과정을 통해 예술가라는 정체성이 조금씩 누적되어 갈 것이다.

자신만의 속도로 나아가기

'a tempo': 음악 용어, 템포 변화 후 본래 속도로 돌아가는 표시.

'a tempo'처럼, 예술가도 때론 본래 삶의 속도로 돌아가야 한다. 과도한 열정이나 무리한 속도는 오히려 지속성을 해치고, 무력감만 남길 수 있다. 긴장과 완급을 조절하는 탄력적 템포는 음악에 생동감을 주듯, 예술가의 삶에도 활력을 불어넣는다.

스스로 춤출 줄 모르는 정신은 건강하지 못하다.

프리드리히 니체

지나친 속도나 압박 대신, 자기 고유의 리듬을 찾아야 한다. 자신만의 속도로 완급을 조절하자. 심리학적 관점에서도, 자기 주도적 템포 유지가 번아웃 예방과 창의성 유지에 필수적이라고 본다.

하지만 우리는 자신의 템포가 아닌 타인의 템포에 맞추려 한다. 한 클래식 전공자는 "하루 쉬면 내가 알고, 이틀 쉬면 관객이 안다."라는 말을 들었다. 그리고 이 말 때문에 스스로를 얽매고 있었다. 결국 자신의 템포를 찾지 못하고 번아웃을 경험했다. 오히려 지속할 수 있도록 연습 시간을 조절하고, 종종 일부러 속도를 늦추면 어땠을까?

사회적으로 지나친 열심을 강조하는 풍조는 쉬는 일에 죄책감을 느끼게 한다. 간혹 힘들어서 쉬는 건데도 죄책감을 느낀다. 쉬는 일에 강박이 생기거나, 생산성과 효율성이라는 틀 안에 스스로를 가둬버리면 구해줄 사람이 없다. 스스로 어느 정도의 속도가 맞는지 점검해 봐야 한다. 자신의 연습량이나, 작품을 만드는 데 걸리는 시간 등, 작업시간을 노트에 기록해 보면 좋다. '이 정도면 괜찮겠지.'라고 막연하게 생각하면 자신의 템포를 찾을 수 없다. 의외로 자신의 능력을 이상적인 수준에 맞추는 경우가 많기 때문이다. 자신의 업무량을 객관적인 시각으로 파악하다 보면, 내가 어떻게 일하고, 앞으로 어떤 속도를 가져야 하는지 파악할 수 있다. '휴식이 너무 많은가?'라는 생각은 하지 말자. 사람은 기계가 아니다. 정신도 쉬어야 한다. 우리는 계속해서 속도감을 찾는 방법을 찾아야 한다.

비슷한 문제로 고민하던 내담자에게도 스스로 템포를 찾아야 한다고 했다. 내담자는 자신이 어느 정도로 작품활동을 할 수 있는지 스스로 파악해 보고, 쉼에 대한 죄책감을 없애기 위해 일정 시간 이상 강제로 쉬도록 했다. 내담자가 스스로 스케줄을 재정비하자 몸과 마음의 회복이 빨라졌다. 곧 연주 효율도 높아졌고, 무대 위 긴장감도 줄었다.

불안과 자유

사르트르는 자유와 불안은 불가분의 관계라고 말했다. 인간은 자유롭다. 하지만 그 자유를 내가 감당하고 자신의 삶을 만들어가야 한다는 것에 대한 책임감은 막중하다. 보통 자유, 책임, 불안은 함께 얽혀있다. 종종 '자유의 대가는 불안이다.'라고 생각한다. 특히 예술가들은 그렇다. 일반적으로 사람들은 불안을 피하기 위해 자유를 제한하거나, 누군가가 대신 결정해주길 바랄 때가 있다. '이건 무조건 해야 한다.'라거나 '이게 정답이다.'라는 사회적 규범이나 권위에 의지하면 잠시나마 책임감에서 벗어날 수 있다. 하지만 예술 활동은 본질적으로 규범이나 권위에 전적으로 기대기 어려운 영역이다. 오히려 새로운 형식을 만들고 도전하며, 기존 틀을 깨부수는 것이 예술의 핵심이기 때문이다. 예술가는 자기 선택에 대한 책임을 직면하게 되고, 끊임없이 존재적 불안과 맞닥뜨린다.

즉, 불안은 우리 삶의 부수적인 것이 아닌 삶을 가능하게 하는 전제와 같다. 인간의 삶에서 자유를 완전히 말소할 수 없기 때문이다(아주 사소한 선택까지 말이다). 우리가 더 유명해지면 자유로워질까 생각하지만, 유명한 연예인들도 불안을 느끼는 모습을 자주 보인다.

불안은 대개 두렵거나 회피해야 할 감정으로 여겨진다. 그러나 불안은 '도래할 새로운 가능성'의 신호로 이해할 수 있다. 무언가를 알고 있다고 해서 불안이 사라지는 것은 아니며, 오히려 알 수 없기 때문에 불안을 느낀다. 이는 일종의 감각이다.

새로운 나와 변화된 환경이 눈앞에 펼쳐질 때, 그리고 더 넓은 세계가 어렴풋이 감지될 때, 우리는 불안을 느낀다. 최선을 다해 예술 작품을 완성한 작가조차 '미묘한 불안감'이라는 어렴풋한 감정을 경험한다. 이러한 불안은 더 나은 테크닉이나 색상 선택의 가능성을 암시하거나, 작품의 깊은 의미를 발견할 전조일 수 있다.

불안은 감각을 통해 다가올 새로운 가능성을 미리 맛보게 하는 것이다. 만약 불안이 '도래할 새로운 가능성'이라면, 이는 새로운 탐색을 촉진하는 촉매로 이해할 수 있다. 중요한 점은 '알지 못하는' 혹은 '경험해 보지 못한' 가능성에 대한 감각이라는 것이다.

누구나 원하기만 하면 언제든 자신의 내면으로 은신하여 휴식을 취할 수 있기 때문이다. 세상에서 자신의 영혼이 거하는 내면보다 더 고요하고, 평화로운 곳은 없다. 더구나 그곳에 들여다보기만 해도 즉시 평온을 되찾게 해주는 지혜가 담겨 있다면 더 이상 무얼 바라겠는가, 평온한 마음이란 잘 정돈된 마음이다. 그러니 이런 식의 휴식을 통해 재충전의 시간을 갖도록 하라.

마르쿠스 아우렐리우스

비교에 대하여

"쟤는 왜 저렇게 성적이 잘 나올까?"

"난 똑같이 노력했는데 왜 이것밖에 안 되지?"

이런 생각은 나의 존재가치를 하찮게 만들고, 어느 순간부터는 나 자신을 타인이라는 퍼즐로 억지로 끼워 맞추게 된다. 더 나아가, SNS를 둘러보면 클릭 몇 번으로 쉽게 '비교'의 재료를 얻을 수 있으니, 우리는 비교가 더욱 익숙해진다. 비교는 악순환된다. 요즘 SNS는 우리가 꼭 무언가를 해야 한다고 말하고, 그 기준에 벗어나면 적응하기 어려운 사람으로 치부하기도 한다. 그러니 그 세계에 잡아먹히지 않기 위해서 나를 계속해서 보아야 한다.

사회심리학자 레온 페스팅거는 누구나 스스로 평가하기 위해 주변 사람들과 자신을 비교한다고 말했다. 이는 생존 가능성을 높이려는 무의식적 동기이기도 하다. 나의 능력이 어느 정도 위치에 있는지 확인하는 일은 능력주의 사회에서 필수다. 우리는 더욱 살기 위해서 비교하는 본능을 갖고 있는지도 모르겠다. 늘 비교가 나쁜 것은 아니다.

하지만 예술계처럼 정답이 없는 환경에서 비교는 때때로 독이 된다. 나의 작품이나 연주를 객관화하기 어려울 때, 오히려 '점수'처럼 보이는 외부 평가에 안도하는 순간이 찾아오지만, 자신보다 더 높은 평가를 받는 사람이나, 주목받는 동료를 보게 될 때면 곧 불안감과 자기 부정이 뒤따른다. 열심히 노력했음에도 '내가 보기에' 더 나은 예술품이 있다고 자신의 창작활동을 부정하게 된다면 얼마나 슬픈가?

"비교하지 말라."는 조언만으로는 충분하지 않다. 비교는 우리가 사는 한 불가피하다. 문제는 그 비교를 어떻게 받아들이고 활용하느냐에 달렸다. 내 현재 위치를 점검하고 발전 방향을 잡는 도구로 삼아야 비교는 성장의 계기가 될 수 있다.

인간은 자기 스스로를 뛰어넘으려는 가능성을 갖는다. 우리는 흔히 '나'를 초월할 때, 타인은 방해 요소나 비교 대상 정도로만 여긴다. 그러나 상호 초월은 '내가 내 자유를 실현하고 성장할 수 있도록 타인도 함께 초월하는 것'을 전제로 한다. 내가 어떤 부분에서 뛰어나든, 타인이 뛰어나든, 그 차이를 누가 더 낫다/못하다로 보는 게 아니라, 우리는 서로 다른 영역을 초월하는 데 있어 도움이 될 수 있다고 해석하는 태도다.

타인을 단순히 나를 판단하는 '시선'으로만 인식하면 불안이 증폭된다. 타인의 성취나 능력을 '구체적으로 공감'하면서 관찰하면 거기서 내가 배울 점, 심지어 나만의 독자적 강점을 재발견할 기회를 얻는다. 단지 질투하는 게 아니라 "넌 여기서 이렇게 했구나, 난 또 다른 방식을 고민해 볼게."라고 서로 말을 주고받음으로써 상호 발전을 촉진하는 비교다.

외로움을 고독으로

무대에 서고, 찬사를 받는 예술가들은 흔히 삶 뒤편에서 민감한 감수성과 우울, 고독, 불안을 안고 살아간다. 많은 예술가들이 불안증이나 공황장애 등 정신적 고통을 호소했고, 팝의 황제 마이클 잭슨도 평생 외로움과 심리적 압박 속에서 살아갔다. 많은 예술가들은 외로움을 호소한다. 에드워드 호퍼도 예술가의 본질은 고독에 있으며, 아무리 많은 사람들에게 둘러싸여도 혼자라고 얘기했다. 호퍼는 고독한 도시 풍경을 그린 작품으로 유명하며, 그의 작품 '밤을 지새우는 사람들

(Nighthawks)'은 현대인의 고독을 상징하기도 한다.

비올라 연주를 하던 시절, 무대를 준비할 때는 소리가 울리지 않는 지하 방음실에서 외로운 연습을 했다. 소리는 울리지 않고, 습한 지하 냄새가 나를 무력하게 만들었다. 나는 관계 지향적이라, 관계에 갈증을 느꼈다. 나는 외로움을 직면해야 했지만, 그렇지 못했다.

외로움을 순간적으로 채우려고 피상적인 관계를 이어 나가는 것보다, 고독을 선택하는 편이 낫다. 외로움이 관계 결핍에서 오는 부정적인 감정이라면, 고독은 자발적으로 혼자만의 시간을 마련해 내면을 돌보는 긍정적인 선택이다. 외로움은 자신의 결핍을 남으로부터 찾지만, 고독은 스스로 혼자가 되기를 선택해 자신 안에서 답을 찾는 충만함을 누리는 일이다. 나도 누군가와 함께 있을 때 느끼는 외로움보다, 고독 속에서 만나는 나 자신이 훨씬 편안해졌다. 그 편안함이 있을 때, 관계가 더욱 자연스럽고 충만해진다.

사르트르는 혼자 있을 때 외롭다고 느낀다면 동반자의 역할에 대해 고민해보라고 이야기했다. 혹시 나쁜 동반자와 함께 지내기 때문에 외로울 수 있다고. 나쁜 동반자는 어쩌면 가족이나 친구가 아닌 '나 자신'일 수도 있다. 때로는 가장 큰 어려움이 가족이나 친구가 아니라, 스스로와의 대화에서 비롯되기도 한다. 가족은 내가 선택할 수 없는 사회에서 맞이하는 첫 관계이다. 가족과의 관계에서 어려움을 겪는 경우도 있다.

극단적인 상황에서는 가족과의 관계를 끊거나, 많은 사람들과의 관계를 차단하기도 한다. 하지만 이러한 극단적인 사례가 아닌, 평범한 가정을 기준으로 한다면, 관계를 차분하게 정리하고 그 안에서 내가 느끼는 감정들을 깊이 들여다보는 것이 중요하다.

우리는 고독해질 때, 자신과 친해질 시간을 가질 수 있다. 그렇게 나를 알아가다 보면 나에게 연결된 모든 것들이 단순해지고, 조절할 힘이 생긴다. 의도적으로 고독에 처할 시간을 만들어야 한다.

나는 고독만큼 친근한 동반자를 찾은 적이 없다.

헨리 데이비드 소로

나 역시 예술을 전공할 때도, 지금 상담을 할 때도, 연구를

할 때도, 스스로 고독해지는 시간을 일부러 갖곤 한다. 내 생각과 감정을 정리하고, 세상 속에서 휩쓸리지 않도록 두 발을 단단히 딛기 위한 과정이다. 아기 시절에는 부모나 보호자가 우리를 일으켜 세워주지만, 성인이 된 뒤에는 내가 나를 밖으로 이끌어내기 위해 스스로 교육해야 한다. 이는 곧 내 안에 쌓인 두려움과 외로움을 마주하는 일이기도 하다.

많은 내담자가 "혼자가 될까 봐 무서워요"라고 털어놓는다. 그래서일까, 그들은 자신을 지키고 싶어 단단한 방패를 들고 살아간다. 그런 모습이 안쓰러우면서도 얼마나 큰 두려움에 시달렸을지 이해가 되기에, 함께 울고 안아주고 싶을 때가 많다. 하지만 이런 도움은 잠시 좋아질 뿐이다. 결국 장기적인 도움은 고독을 통해 '내가 나의 가장 좋은 동반자'가 되는 방법이다. 만약 경험해 보고 그 힘이 부족하다고 느껴진다면, 전문가의 도움을 받길 권한다. 내 삶의 주인공은 당신이라는 것을 잊지 않았으면 좋겠다.

예술가의 노동

창작이란 '작품을 제작하는 물리적 시간'만으로 환산될 수 없다. 예술가가 무언가를 표현하기 위해서 일주일간 몰아쳐 그림을 그리는 순간, 이전에 이미 방대한 사유와 발견의 과정이 들어 있다. 전시를 앞두고 작품을 구상하거나 영감을 모으는 시기라면, 그 예술가는 여행을 떠나서 풍경을 관찰하거나 책을 읽으며 과거 예술사와 사회의 흐름을 되짚고, 지인들과 술을 마시며 나누는 대화 속에서 창작의 단서를 찾기도 한다. 다시 말해 예술가는 작품을 기획하고 밑그림을 그리는 모든 준비 과정을 통해 자신의 언어를 다듬어간다. 이 '준비'가 없었다면, 최종 결과물인 그림이나 조각 같은 물리적 창작물은 결코 지금과 같은 형태로 탄생하지 못했을 터다.

문제는 우리의 사회적 인식이 작품에 직접적으로 투입된 노동, 이를테면 물감을 칠하고 조각도를 들고 있는 순간만을 '일'로 인정한다는 점이다. 예술가가 하루 종일 사색하거나 여행을 다니면서 영감을 얻는 일은, 밖에서 보기엔 그저 '놀고 있는 것'처럼 보인다는 문제가 있다. 실질적으로는 예술이 바로 그 영감을 얻으려는 노력의 축적 속에서 싹트고, 의미가 잉태된다. 명확히 수치화하거나 눈에 보이지 않는다고 해서, 그 힘겨운 탐색의 시간을 '노동'으로 여기지 않는 건 예술가들을 궁지로 몰아넣는 것과 같다.

오랜 시간 동안, 예술 노동은 '보이지 않는 시간'을 인정받지 못했다. 마치 작곡가가 연주를 위해 악보를 적는 순간만 생각하고, 그 전 단계에 있었던 기나긴 고뇌와 실험, 실패와 수정 같은 것은 대수롭지 않게 여기는 식이다. 또 예술가가 거칠 수밖에 없는 시행착오와 감정 소모도, 사회적 시스템 안에서는 제대로 보상받기 어렵다. 그러나 예술 작품이 실제로 사람들의 의식을 환기하고 의미를 촉발하려면, 작품이 나오기까지의 모든 과정을 통틀어 '노동'으로 인정해 주는 인식이 절실하다.

예술가 자신의 삶을 생각해 봐도 그렇다. 작품을 만드는 동안 이들은 단지 노트와 펜, 캔버스와 붓을 쓰는 게 아니다. 타인의 말에 귀 기울이고, 책을 뒤적이며 사유하고, 때론 여행을 하며 몸소 감각을 넓히고, 사람들과 부대끼며 아이디어를 다듬어간다. 이처럼 다양하고 복합적인 활동이 결국엔 '창작'이란 형식으로 응집된다. 예술가에게는 무대 위나 전시장에 내놓기 직전까지의 모든 작업 시간(이를테면 서재에 앉아 영감 노트를 끄적이는 순간까지)이 곧 '노동'이다.

예술가의 비활동적 노동을 사회적으로 제대로 인정받으려면, 우리에게 필요한 건 예술을 바라보는 시각의 전환이다. "창작은 한순간의 열정이나 천재적 영감으로 뚝딱 완성된다."라는 오해를 버리고 여러 단계에 걸친 시도와 탐색, 몰입과 휴식의 반복이 결코 '빈둥거림'이 아니라 예술가의 치열한 업무라는 인식을 확산해야 한다. 비록 한 작품을 직접 그리는 데 걸린 물리적 시간이 얼마 안 될 수 있다고 해도, 그 하나를 위해 아티스트가 감내한 정신적·육체적 노력은 어마어마하다.

결국, 예술가의 노동이란 단 한 장의 그림, 한 곡의 음악을 위해 그들이 기울인 모든 준비와 고뇌, 실천을 포함한다. 여기서 예술가들은 인류의 공동 유산인 상상력과 창의성을 더욱 풍성히 만들어주고, 그 결과가 곧 사회를 바꿀 수 있는 가능성이 된다. 우리 사회가 이 예술가들의 배경 노동, 즉 '보이지 않는 시간'을 인정하고 존중하는 문화를 형성한다면, 예술가들은 재정적·심리적 안정 속에서 더욱 자유롭게 창작할 것이고, 그 예술이 다시 사회에 긍정적 영향을 미치는 선순환이 이뤄질 수 있다.

인정에 대하여

"윤 솔, 1등입니다."

성적이 나올 때의 감정들은 꽤 선명하게 남아있다. 인정받는 내가 곧 '진짜 나'라고 여겼고, 그 믿음이 한편으론 비참하고 묵직한 책임감을 안겨주기도 했다. 1등에 대한 주변의 기대뿐 아니라, 나도 등수를 놓치면 불안해지고, 스스로가 무가치하게 느껴졌다.

혹시 내가 지금도 외부 평가에 내 가치를 온전히 맡기고 있다면, 즉시 그 평가에서 벗어날 길을 찾아보아야 한다. 계속해서 남의 눈을 의식하며 살아가면, 결과가 좋든 나쁘든 몸만 살아남은 채 마음은 텅 빈 공허함 속에서 헤맬 가능성이 크기 때문이다.

하지만 많은 사람이 아직도 남들로부터 인정받아야 비로소 자신을 '괜찮은 존재'로 느낀다. 외부 기준에만 기댄 채 달려가다 보면, 언제든 시험 결과나 무대 평가 하나로 천국과 지옥을 오가며 자존감마저 흔들리는 삶을 살기 쉽다.

우리는 존재의 아름다움과 능숙함은 구분해야 한다. 능력에서는 사람마다 격차가 있다. 천재가 있고, 미숙한 사람이 있으며, 열심히 노력하는 사람이 있고, 게으른 사람이 있다. 능숙함에는 정도가 있다. 하지만 그렇다고 자존감이 흔들릴 필요는 없다. 능력과 별개로 존재는 충분히 아름답다.

우리의 존재는 있는 그대로 아름답다. 하지만 존재가 아름답다고 하더라도 부정적 감정, 비방, 비하가 지속적으로 침투한다면 자신의 존재가 무가치하게 느껴진다. 존재(있는 것 자체)와 감정은 다르다. 감정은 휘발한다. 지금 이 순간이 지나면 사라진다. 감정이 지속적으로 자신의 삶에 침투하지 않도록 하자. 인정도 그렇다. 인정을 받는 것은 분명 좋은 일이다. 하지만 인정으로 야기되는 감정 또한 내 존재와 별개이다. 터질듯한 기쁨도 무너질 것 같은 불안도 휘발된다.

예술가로서 능력을 키우는 일은 늘 행복한 일이 아니다. 노력과 성취에는 슬픔과 기쁨이 혼재한다. 슬픔과 기쁨의 반복이 삶의 속성이기도 하다. 누구도 항상 행복하지 않다. 적은 기쁨을 누리려고 많은 슬픔을 감내할 뿐이다.

이럴 때일수록 자신의 존재로 돌아가자. 나 자체로 아름다운 존재라는 사실에서 시작하자. 모든 휘발되는 것과 상관없이 '있음' 그 자체의 아름다움에서 용기를 얻자.

자기를 객관적으로 보는 방법

객관적으로 나를 바라본다는 것은 나를 비판하라는 말이 아니다. 그저 감정을 덜어내고, 사건과 사실만을 보는 눈을 기르는 것이다. 객관화는 나에게 생긴 사건을 돌아보고, 그 사건들을 통해 내가 느낀 감정과 생각들을 분리해보는 것이다.

자신을 '있는 그대로' 바라보면서 강점과 약점을 인정하고, 잘못된 부분을 교정할 수 있는 여지를 나 스스로에게 열어두는 과정이다. 나의 약점을 살피면 부끄러움을 느끼거나 두려워진다. 하지만 보고 싶지 않다는 이유로 있는 그대로 보기를 회피만 한다면, 성장의 기회를 계속해서 놓치고 말 것이다.

자신을 살피기 위해서는 '적당한 거리두기'가 필요하다. 우리는 '나 자신을 잘 안다.'는 착각에 빠지기도 한다. 내가 곧 나라고 여기기 때문이다. 하지만 '나'는 내가 생각하는 모습과 다르다. 너무 가깝게 달라붙어 있으면 감정에 휩쓸리기 쉽고, 지나치게 멀리 떨어지면 현실감을 잃어버린다. 그림을 감상하더라도 너무 가까이 있다면 붓 자국 이외에 다른 것이 보이지 않게 된다. 또, 너무 멀리 떨어지면 세부 묘사를 읽어낼 수 없어 생동감을 잃게 된다. 나와의 적절한 거리는 친구의 고민을 들어주는 정도의 거리이다. 나와 내 삶을 적당한 거리에서 삶의 경험에 참여하되, 어떤 감정이 들었는지 살필 수 있는 정도의 거리가 필요하다.

객관적인 시각을 갖게 된다면, 과거의 실수나 실패로부터 자유로워진다. 과거는 현재와 미래를 위한 교훈이 될 수 있으나, 결코 지금의 나를 완전히 규정할 수 없다. 동시에 불확실한 미래에 대한 걱정에도 매몰되지 않게 된다. 객관화의 핵심은 현재의 나를 중심에 두고, 여기서부터 어디로 갈지를 설계하는 데 있다. 그러므로 객관적으로 자신을 살피는 연습은 '진정한 자유'를 가져다준다.

결국 나를 객관적으로 바라본다는 것은 나를 이해하고 성장시키는 가장 중요한 첫걸음이다. 이 과정을 통해 우리는 자신만의 방향과 속도를 발견하고, 그 길을 나아갈 수 있다. 그렇게 스스로에 대한 통찰과 존중을 기반으로 살아갈 때, 비로소 진정한 자유와 내가 원하는 삶을 찾게 되고 더욱 나와 가까워질 수 있다.

베풀고 내려놓을 때 더 큰 부를 얻는다.

탈무드

도움 요청을 부끄러워하지 않기

"나의 예상과 달리 실패했고, 주변에서 손을 내밀어 주면 좋겠지만 아무도 내 실패에 관심이 없어."

이런 순간에 우리는 흔히 민망함이나 자괴감 때문에 재빨리 일어나고 싶어 한다. 하지만 잠깐 멈춰서 내 아픔을 들여다보고, "도와주세요"라고 말할 용기를 내보자. 넘어져 있는 나를 스스로 돌보는 행위는 단순히 상처를 치료하는 것을 넘어, 나를 소중히 여기고 챙겨주는 과정이다. 결국 넘어졌을 때의 나의 감정의 잔해와 기억은 내가 오롯이 가져가야 할 것이다. 그 책임은 나에게 있다.

토머스 풀러는 "우리가 가장 어두운 순간에 있는 것처럼 보일 때, 희망의 빛은 가장 강렬하게 빛난다."고 말했다. 가장 힘든 순간이야말로 희망이 빛나는 순간이다. 희망은 내가 가지고 있지 않은 것을 목표로 삼는다. 그렇기 때문에 희망의 불씨는 힘든 순간에 가장 크게 타오른다. 모든 것을 소유한 사람에게는 희망은 다 타고 권태만 남게 된다. 그렇기 때문에 넘어짐은 실패가 아니라, 더 나아가기 위해 필요한 과정일 수 있다. 내 작은 도움 요청에 누군가 손을 잡아주었다면, 그 기억은 다음번에도 "나는 다시 일어날 수 있다."는 확신을 만들어줄 것이다. 도움을 주는 이에게도 따뜻한 연결의 기쁨이 되기에, 부끄러움을 무릅쓰고라도 손을 내밀어 보는 것이 좋다.

넘어짐은 내 이야기를 더 풍부하게 해주는 장면이 된다. 위대한 사람들 중 대부분이 실패를 경험한다. 자신의 이야기를 만들어 나간다고 생각하자. 나의 손을 누군가가 잡아주지 않았더라도 용기 낸 나를 통해 또다시 일어날 힘이 생길 수 있다. 한 번의 넘어짐이 끝은 아니다. 반대로 성공이 지속되는 것이 아니듯, 오히려 그 넘어짐에서 배움과 용기를 얻어 조금 더 단단해진 '나'를 만들어 나갈 수 있다. 그런 과정들을 통해 내 마음의 파일들이 쌓일 것이다.

과거에 발목 잡히지 않기

"내가 예전에는 이런 사람이었어."라는 말은 때로 과거의 기억과 현재의 공백 사이에서 생기는 아쉬움을 드러낸다. 예술가라면 더욱 그러하기 쉽다. 과거에 빛나는 무대를 경험했거나 한때 성취했던 예술적 성과가 현재 내 모습과 달라지면, '그때가 내 전부였던가?'라는 공허함이 커진다. 문제는 그 과거의 성공이나 특별한 순간을 붙들고 '지금은 그렇지 못하다.'는 식으로 스스로를 규정해버리면, 현재와 미래의 가능성을 놓쳐버린다는 데 있다.

예술은 분명 예술가에게 정체성을 부여하는 강력한 수단이다. 무대 위에서 느끼는 떨림과 성취감, 그림을 완성했을 때의 희열, 청중의 박수나 인정을 얻었을 때의 자부심 등은 예술가에게 '나는 이런 일을 할 수 있는 사람'이라는 확신을 갖는다. 하지만 동시에 '정체성과 커리어는 다르다.'는 사실을 놓치기 쉽다. 과거의 한 무대, 특정 시기에 이룬 예술적 성과는 분명 커리어의 일부지만, 곧 '내 존재 전부'는 아니다. 예술적 성공이 있다고 해서 예술가의 모든 가치를 입증하는 것도 아니고, 반대로 '지금 성공하지 못했다'고 해서 예술가로서의 정체성이 무너지는 것도 아니다.

심리학적 관점에서 볼 때, 자존감이 과거 영광이나 외부 평가에만 매달리게 되면 '현재의 나'가 온전히 자리 잡기 어렵다. "나는 음악가로서 과거에 이렇게 잘나갔다."라며 옛 성적표에 지나치게 기대는 순간, 현재라는 의미가 흐려진다. 과거는 우리의 경험을 풍부하게 만들지만, 과거 영광의 그림자로 현재를 정의해버리면, 정작 지금 펼쳐지는 창작의 순간과 새로운 기회를 스스로 차단하게 된다.

결국 자신을 정의하는 건 과거의 내가 아니라 지금의 나, 그리고 앞으로 펼쳐질 나의 가능성이다. 과거는 참고 자료나 저장한 파일일 뿐, 현재를 대체할 순 없다. 예술가라면 "내가 예전에는 이런 사람이었어."라는 말이 절로 나오는 순간마다 "그렇다면 지금은 어떤 예술가이고 싶은가?"라고 되묻는 연습이 필요하다. 그리고 그 답은 외부가 아닌, 오직 내 안의 목소리에서 찾아야 한다. 예술적 활동이든 어떤 커리어든, 과거의 영광은 지나간 발자취로 남고, 나를 진짜로 움직이는 동력은 지금 이 순간 던지는 "내가 왜 창작을 하는가"라는 근본적 질문에 달려있다.

과거를 하나의 파일로 넣어둘 수 있는 용기가 필요하다. 필요할 때 추억하고 보완하며 교훈을 얻되, 그 파일을 끊임없이 열어 되새기며 현재를 덮어버리지 않도록 주의하자. 예술은 나를 표현하고 이해하는 무대고, 그 무대는 지금 내게 주어진 시간 위에서만 유효하다. 과거가 아무리 찬란했어도, 그건 이미 지나간 시간일 뿐.

안정과 도전

　누구나 안정감을 찾고 싶어 한다. 많은 예술가들에게 도전만이 해답은 아니다. 안정감을 중요하게 생각하는 성향은 예술적 열정과 조화를 이루어, 더 깊이 있고 지속적인 창작의 길을 열어줄 수 있다. 오른손이 편하더라도 왼손을 써야 할 때가 있듯, 우리는 '안정'과 '도전'이라는 두 가지 면모를 모두 인정하고 활용해야 한다. 한쪽에만 치우치면 불안정해질 수 있고, 이 둘을 균형 있게 끌어안아야만 단단한 뿌리와 자유롭게 날아오를 수 있는 날개를 동시에 가질 수 있다.

안정감은 물리적인 측면과 감정적인 측면으로 구성할 수 있다. 물리적인 측면에는 재정·주거·생활 습관 같은 것이 포함된다. 규칙적인 수입이나 건강 관리는 안정적인 환경을 제공해, 예술 활동을 꾸준히 이어가는 든든한 토대가 된다. '예술가는 가난해야 한다'라는 이야기도 있었지만, 모든 예술가가 가난에 처해야 하는 것은 아니다. 물리적인 안정이 예술에 집중할 수 있는 감정적인 측면을 만들어주기도 한다. 파트타임으로 일을 하면서 예술가의 삶을 유지하는 이는 칭찬받아야 한다.

감정적인 안정에는 자신의 감정을 이해하고 존중하는 시간이 필수적이다. 안정이 물리적인 것에만 기인하지 않는다. 예술가가 유명해져 외주 작업이 많아질 경우에도 불안이 몰려오기도 한다. 감정적인 안정을 누리기 위해 명상이나 운동, 일기쓰기를 하면 좋다. 자기만의 루틴을 통해 내면을 돌보면, 창작 과정에서 경험하는 실패나 불확실성을 감당할 힘이 커진다. 혹여 일이 뜻대로 풀리지 않을 때도, 흔들리는 마음을 다시 세워줄 '나만의 방법'을 마련하는 것이다.

또한 안정은 관계를 통해 얻을 수도 있다. 나를 지지하는 사람, 멘토나 동료 예술가, 혹은 믿을 만한 친구와 함께 고민을 나누다 보면 불확실성이 주는 압박은 덜어지고 힘이 되곤 한다. 하지만 너무 타인에게 의존하여 안정을 채우다 보면 현실 도피가 될 수 있으니, 진짜 나라는 사람이 필요한 건지 결핍된 내가 필요한 건지 확인해볼 필요는 있다. 지칠 때나 불안이 몰려와 안정감이 느껴지지 않는 경우, 심리적 지지를 통해 안정적인 마음 상태를 빠르게 마련하는 일들은 지혜롭다. 끊임없이 변화를 요구하는 예술 세계에서 우리가 지치지 않고 나아갈 수 있도록 보호막이 되어줄 것이다.

간혹 역경을 극복해야 한다며 오히려 고난을 자초하는 사람들도 있지만, 추천하는 바는 아니다. 오히려 정신적 탈진을 초래할 수 있다. 가능하다면 내면에 안정감 있는 집을 만들어야만 오래 지속할 수 있다.

안정적인 기반을 마련했다고 해서 '도전'이 없어지는 건 아니다. 안정적인 감정을 느끼며 생활하면 도전할 의지가 사라지고 퇴보될까 봐 무서워하는 경우들이 많다. 하지만 반대로 탄탄한 뿌리가 있을 때 우리는 더 높이 비상할 수 있다. 안정과 도전은 서로 상충하는 것처럼 보여도, 사실은 상호 보완적이다. 안정이 삶의 틀을 잡아주는 동안 예술적 열정이 창작의 불꽃을 지피며 새로운 도전을 탐색하게 만든다. 그 균형을 잡아가는 과정이야말로 예술가의 여정에서 핵심적인 과제다.

결국 안정감과 예술적 열정은 두 날개와 같다. 한쪽만으로는 멀리 날지 못한다. 불확실성과 마주하면서도 내 삶의 기반을 꾸준히 돌보며 내게 맞는 속도와 방향을 스스로 설계해 나갈 때, 우리는 더 깊고 창의적인 길 위에서 흔들림 없이 뿌리를 내릴 수 있을 것이다.

가끔 예술가들은 안정을 추구하는 자신의 기질을 부정하기도 한다. 고난과 역경을 이겨내는 것만이 답은 아니다. 누구나 자신에게 맞는 두 날개를 달고 날 권리가 있다. 그러니 나에게 뿌리가 되어주는 삶의 주인공이 되는 것에 집중해 보자.

CHAPTER 3

균형있는
예술가의 삶

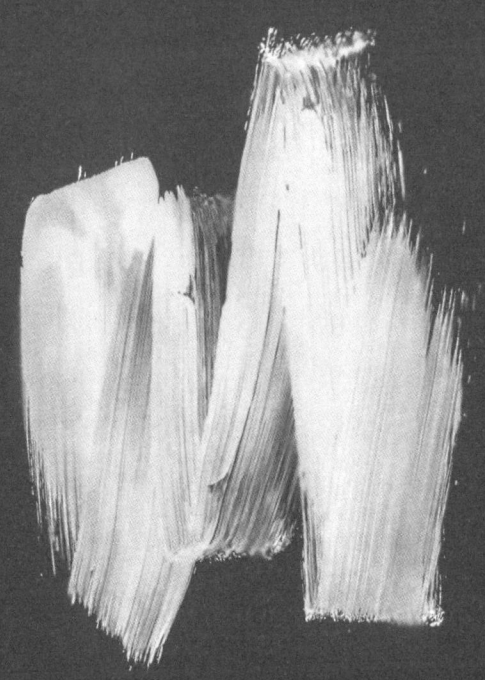

경제적 문제

예술가로 살아가려면 경제적 안정성과 예술적 열정을 동시에 잡아야 한다. 현실을 무시한 채 오로지 예술만 좇다 보면 불안감에 발목이 잡힐 수 있고, 반대로 경제적인 문제에만 매달리면 예술적 에너지가 고갈되어 버릴 수도 있다. 예술의 길은 단거리 경주가 아니라 마라톤처럼 오랫동안 지속될 가능성이 크므로, 당장 얻는 수입이 적다고 좌절하기보다는 '장기적인 계획'과 '현실적인 목표'를 함께 세워야 한다.

가령 부업이나 예술 관련 직무(교육, 무대 연출, 공연 기획 등)를 병행하여 재정적 토대를 쌓는 동시에, 나만의 예술적 방향을 꾸준히 탐색하고 개발해야 한다. 간혹 이상적인 삶을 살고 싶다는 생각에 예술을 위해 경제적인 측면은 과소평가하는 경우가 있다. 인간은 살아가기 위해 경제적인 면을 과소평가해서는 안 된다.

　상업적인 예술이 나쁜가? 의구심이 든다면 '나를 제3자의 관찰자 시점으로 바라보기'가 도움이 된다. "내가 예술에 투자하는 사장이라면, 지금의 나에게 과연 돈을 주고 싶을까?"라는 질문을 냉정하게 스스로에게 물어보고, 부족한 점을 보완하면서 나라는 브랜딩 전략도 고민해 보자. 실제로 예술가는 SNS를 하는 편이 자신의 예술품을 널리 알리는 데 도움이 된다. 하지만 분명 상업적인 능력이나 마케팅 능력이 부족한 예술가들도 존재한다. 장인의 길을 모색하는 사람의 부류가 이러한 경향이 있다. 이럴 때는 내가 할 수 있는 것과 하지 못하는 것을 구분하고, 그 틈새를 조금씩 채워나가는 노력이 필요하다. 예술만 배울 것이 아니라, 이제는 다양한 방면을 배우고 공부해야만 한다.

큰 성공에만 집착하다 보면 현재 내 능력이나 수입을 과소평가하고 무시하게 된다. '난 왜 이 정도밖에 못 벌지?'라는 생각으로 스스로 한계를 정하면, 그 울타리 안에서만 움직이게 된다. 예술가로서 돈을 벌고 있다면, 작은 성공의 기쁨도 충만히 즐기자. 예술 활동으로 돈을 버는 경험은 흔치 않을 뿐 아니라, 경험이 발판이 되어 점차 더 큰 성장을 이룰 수 있기 때문이다. 자신이 만들어내는 예술적 가치를 과소평가하지 말고, 꾸준히 기록하며 발전 과정을 객관화해 보자.

이와 동시에 무엇보다 중요한 건 '왜 예술가의 길을 택했는지'에 대한 내면의 질문을 끊임없이 이어가는 것이다. 돈이 전부는 아니지만, 돈이 부족해 불안해진다면 예술적 활력도 덩달아 소진될 수밖에 없다. 우리는 한 손으로 현실을 붙잡아 지지대를 마련하고, 다른 한 손으로 나만의 꿈을 움켜쥐어야 한다. 이 두 손이 이룬 균형은 결국 나를 더 단단하게 하고, 예술에 대한 열정을 잃지 않도록 지켜준다. 흔들릴 때마다, 내가 가고자 하는 방향과 필요한 자원을 다시 점검해 보자.

올바른 환경에서 이해받기

예술은 예술가가 자신의 작품에 이르는 길이다.

그 길들, 곧 방식들이란 이상적이고 영원하다. 그러나 그 것을 보는 사람은 드물며, 그 예술가 자신조차도 오랜 세월 동안, 아니 일생 동안조차 보지 못할 수 있다. 그가 종국에 조건 속으로 들어서기 전까지는.

랄프 왈도 에머슨

예술의 속성은 열린 해석이다. 예술가의 의도가 담겨 있지만, 다른 매체와 달리 관람자에게 그 의도를 강요하진 않는다. 관람자마다 해석이 달라질 수 있다. 예술의 기본적인 속성이 열린 해석이라면, '타인에게 완벽히 이해받는 것보다, 내 길을 스스로 확인하고 그 진리를 찾는 과정'이다. 예술가로 살아가는 동안, 우리는 종종 이해받기를 갈망한다. 혼자만의 외로움이나 불안을 마음속 깊게 묻은 채 지내다 보면 오히려 예민함이 더 심해지기도 하고, 누구에게 어떻게 털어놓아야 할지 몰라 헤매게 된다.

이전에 사업기획팀에서 근무했을 때, 기획했던 '예심전심'이라는 예술가들의 집단상담 프로그램에서도 예술가들이 공통적으로 "내가 가는 길이 과연 맞는가?"라는 고민을 털어놓았다. 5개월간 매주 같은 시간에 만나 각자의 고충을 나누고, 그 시간만큼은 서로의 이야기를 온전히 들어주었다. 그 결실로, 이제는 웹툰 작가나 미술가, 혹은 나와 비슷한 상담의 길을 걷는 사람도 생겼다. 털어놓는 시간을 통해 저마다의 방향을 각자 찾아 나아갈 수 있었다.

예술가들의 고민은 대개 고독함, 외로움, 불안함 같은 감정과 얽혀 있다. 게다가 예민해지기 쉬운 예술적 감수성 때문에 주변으로부터 더 이해받기 어렵다. 주변 사람들에게 독특하거나 예술적 감수성이 좋다는 칭찬을 듣곤 하지만, 결국 본질적인 나의 문제를 공감받고 누군가에게 근본적인 나의 고민이 닿기란 너무 어려운 일이다. 그러한 경험들이 쌓이다 보면 나와의 관계가 불편해지곤 한다. 예술가들도 각자만의 고충을 나누고 싶어 한다. 그래서 내가 편하게 털어놓을 수 있는 환경을 찾는 것은 매우 중요하다.

가족이든 친구든 직장동료든, 상대방이 나를 이해하지 못하고 오히려 부정하기까지 한다면, 그 관계 속에서 나의 고민은 더욱 깊어지고, 나라는 사람과 멀어지게 될 것이다. 만약 그 과정이 반복된다면, 부정적인 나의 세계에 갇혀버리게 된다. 그 세계에서 벗어나게 할 수 있는 사람은 '나'뿐이다.

'나를 이해받고 싶다면, 나를 이해해 줄 환경부터 두드려보라'라는 조언이 있다. 예술가로서 고민은 누구나 공감하기 어려울 수 있으므로, 내가 신뢰할 수 있는 프로그램이나 모임, 혹은 비슷한 고민을 나눌 수 있는 동료들과 함께하는 시간을 적극적으로 만들어보는 게 좋다. 그렇게 작은 공감의 장이 마련되면 "나는 과연 맞는 길을 걷고 있는 걸까?"라는 질문에 대한 답을 조금 더 편안하고 진솔하게 찾아갈 수 있을 것이다. 그리고 그 과정에서 에머슨이 말한 '각자의 진리'도 비로소 드러나게 된다.

입시 스트레스

"내가 예술을 사랑하는 사람인지, 아니면 그저 작품을 찍어내는 공장장인지…."

예술고등학교 시절, 친구들과 자주 나누던 대화가 떠오른다. 음악을 좋아해서 시작한 일이 어느새 좋은 점수를 받기 위한 활동으로만 여겨질 때가 있었다. 그래서 "어떤 예술가가 되고 싶은가?"라는 질문은 뒷전이 되어버리고, 그냥 '단계에 맞는' 음악을 해왔다는 생각을 자주 하고, 많이 지쳐있었다.

입시 제도는 경쟁이 심하다. 특히 예술 전공생들은 일반 교과 성적과 함께 실기·작곡·연주·포트폴리오 등의 준비를 해내야 하므로, 심리적 부담이 더욱 크다. 경쟁의 강도가 높아질수록 정신적·육체적 소진 위험도 커진다.

예술 입시 평가에는 정확한 기준이 알려져 있지 않다. 예술적 역량이 수치화하기 어려운 영역이다 보니, 학생 입장에서는 자기 실력이 어느 정도 수준인지, 다른 지원자들에 비해 얼마나 준비되어 있는지 확신하기가 어렵다. 게다가 상대평가가 적용되는 경우가 많아, 자신의 작품 혹은 연주의 완성도가 상당히 높아도 주변 경쟁자가 더 뛰어나면 합격을 장담하기 힘들다. 이러한 불확실성은 입시생의 불안을 증폭시킨다. "어디까지 해야 안전한가?", "더 나아질 수 있는 방법은 무엇인가?" 같은 질문에 명확한 답변이 없기 때문이다.

당락이 결정되는 시험 앞에 예술 지망생들은 극심한 스트레스에 시달린다. 장시간 연습으로 인한 체력 손실, 과도한 긴장 상태, 때로는 주말과 방학까지 반납해야 하는 상황이 반복된다. 적지 않은 학생들이 불안감이나 우울감을 겪을 가능성이 크다. 장기간 누적된 스트레스는 결국 학습 및 연습 능률 저하로 이어질 수 있고, 최악의 경우 정신건강에 심각한 악영향을 미친다.

이럴 때 개인 차원에서 할 수 있는 예술가가 되고자 하는 학생들의 '입시 스트레스 관리' 방법이 필요하다. 예술에 대한 열정을 유지하되, 그 열정에 완전히 휩쓸려버리지 않는 균형감각이 중요하다. 이를 위해 몇 가지 실천 방안을 제시한다.

첫째, 시간과 일정의 체계적 관리가 필요하다. 학업과 실기를 무작정 병행하는 것이 아니라, 현실적인 시간표를 짜고 우선순위를 배분해야 한다. 예컨대 오전에는 교과 공부, 오후에는 실기 연습처럼 일정 구분을 명확히 해야 불필요한 혼란을 줄일 수 있다. 휴식 시간 역시 일정에 포함하여, 가벼운 운동이나 스트레칭으로 몸을 풀어주는 것이 좋다. 단, 현실 가능한 목표를 세워야 한다.

둘째, 적극적인 휴식과 취미를 찾아야 한다. 예술 입시생들은 경쟁 과열 속에서 한숨 돌릴 틈도 없다고 느낄 때가 많다. 하지만 주기적으로 뇌를 쉬게 하지 않으면 창의력마저 떨어질 수 있다. 잠깐의 산책, 독서, 간단한 게임이나 취미 활동 등은 오히려 집중력을 높여준다. 너무 오래 앉아서 그림만 그리거나 악기만 다루면 몸과 마음이 동시에 지친다.

셋째, 주변 사람들과 소통하는 시간을 확보한다. 특히 같은 상황을 겪는 동료나 선후배, 교사·멘토 등과 이야기를 나누면, '나만 힘든 것이 아니다'라는 점을 인식하게 된다. 동질감은 심리적 안정에 기여한다. 또한 다른 이들의 조언으로부터 추가적인 공부 방법이나 연습 노하우를 얻을 수도 있다. 동료와 경쟁해야 하는 상황들이 많지만, 그 안에서 내가 배울 수 있는 것을 찾아내야 한다.

넷째, 필요하다면 전문가 도움을 요청해야 한다. 스트레스가 극단적으로 높아져 일상생활이나 연습에 지장이 생기면 심리상담센터나 정신건강의학과 진료를 고려해 볼 필요가 있다. 예술계 특성상 민감한 감수성을 지닌 경우가 많아, 빠르게 문제를 인지하고 적절한 조치를 취하는 것이 바람직하다.

마지막으로, 자신이 왜 예술을 선택했는지 되짚어보는 과정이 중요하다. 대학 합격 자체가 목표가 되면, 실패나 좌절을 견디기 힘들다. 궁극적으로 예술에 몸담고자 한 이유는 단순히 합격증을 따기 위해서가 아닐 것이다. 니체는 《우상의 황혼》에서 음악 없는 삶은 본질적으로 결여된 삶이라고 했다. 여기서 '음악'을 예술 전반으로 확장하여 해석하면, 예술은 인간 삶에 있어 큰 의미와 가치를 지니며, 이를 통해 인생을 풍요롭게 만들 수 있다는 뜻으로 볼 수 있다. 예술을 선택한 이유를 되새기고 이로 인해 풍요로워질 자신의 삶을 생각해 보자.

예술이 단순한 성적이나 입시 성공을 넘어, 인간 내면을 풍요롭게 하고 삶 전체를 이끄는 힘이 될 수 있다. 그렇기에 예술을 선택했을 것으로 생각한다. 물론 현실적으로 입시 제도라는 관문을 넘어서야 한다는 사실을 부정할 수는 없다. 그러나 '합격' 자체를 전부로 여기지 않고, 그 과정을 통해 예술가로서의 정체성을 점차 다듬어가는 시기로 삼는다면, 스트레스를 대하는 태도도 달라질 수 있다.

결국 입시 스트레스는 회피해야 할 절대 악이 아니라, '필연적으로 마주하는 과정'으로 보아야 한다. 물론 스트레스를 대수롭지 않게 여기라는 뜻은 아니다. 오히려 스트레스를 적절히 조절하고, 자신을 보호하면서 예술적 역량을 확장해 나가는 자세가 필요하다. 자신이 걷고 있는 길이 단순히 경쟁에서의 승리가 아니라 예술의 본질을 체득하고, 내면을 성장시키는 과정임을 인식해야 한다. 공부와 실기 연습, 그리고 스트레스 관리가 균형을 이룰 때, 장기적인 관점에서 더 큰 성취와 만족을 기대할 수 있다.

옳은 이유, 옳은 방식으로, 옳은 때에, 옳은 대
상을 두려워할 줄 알고 맞서는 사람이, 자기
성격과 환경에 맞는 용기를 실천한다면, 바로
그 사람이 진정으로 용감한 사람이다.

아리스토텔레스

함께 실존하기

　인간은 자기 정체성에 대한 질문을 끊임없이 한다. "나는 누구인가?" "나의 삶은 어떤 삶인가?" 하지만 정체성에 대한 질문의 답은 완전히 스스로 만들어낼 수는 없다. 실존을 의미하는 "ex-sistere(바깥에 선다)"라는 어원적 의미만 보아도, 자신의 정체성을 외부와 관계에서 찾으려는 시도는 당연하다. 인간은 삶 속에서 어떤 일을 하는가에서 삶의 의미와 정체성을 찾는다. 자기소개를 할 때, 대부분 자기 직업을 이야기하는 것을 보면 얼마나 일에 의미를 두고 있는지 알 수 있다. 즉 자신의 행동을 통해, 밖으로부터 스스로를 규정하기도 한다. 내가 어떤 결단을 내리는가에 따라 '나'라는 존재가 정의된다는 점에서, 실존주의 사상가 사르트르의 "실존은 본질에 선행한다."라는 유명한 말이 떠오르기도 한다.

특히 예술 전공자들에게 실존주의적 접근은 유용하다. 예술가라는 행동을 하는 밖으로부터의 자기 정의뿐 아니라 예술품의 의미 또한 밖으로부터 영향을 받기 때문이다. 예술품을 만드는 과정은 사회 속에서 탄생한다. 창작자와 사회 사이의 관계 속에서 느끼고 경험한 것들이 예술품으로 드러나게 된다. 아무리 단순한 오락성 예술품이라 하더라도 사람들의 기호를 생각해야 한다. 내가 스스로 만들어 내는 것은 없다. 어딘가에서 영향을 받기 때문이다.

나와 세상의 관계를 중요하게 생각하는 실존의 입장은 선택 또한 중요하다. 선택이 곧 자신을 만들기 때문이다. 비슷하게 "무엇을 창조할 것인가?"라는 선택에 관련된 질문은 "어떤 나로 존재할 것인가?"라는 물음과 다르지 않다. 음악을 하든, 연극이나 미술을 하든, 창작의 순간, 그리고 예술뿐만 아니라 언제나 선택과 결정의 연속이다. 이를테면 작품의 주제와 형식을 선택하는 일, 기술적 완성도와 개성 사이에서 균형점을 찾는 일, 관계에서 맺고 끊음 등 이러한 모든 선택의 기로들이 내가 누구인지 깨닫고 정의해나가는 과정이다.

책임은 선택을 따라온다. 예술가로서 자신의 작품이 정말 자아를 반영하는지, 이 과정에서 내가 나답게 살아가고 있는지를 꾸준히 돌아봐야 한다. 주변의 평가나 유행에 흔들리기보다는, 진심으로 원하는 것을 표현하고 있는가를 자문해야 한다. 이러한 태도는 예술가가 외부의 평가 기준에서 자유로워지는 동시에, 자신의 창작물에 대한 자부심과 진정성을 확보하게 해준다. 예술 작품이 곧 내 존재의 연장선상에 놓이기 때문이다.

결국 "실존은 본질에 선행한다."는 말처럼, 세상과 나 사이에서 발생하는 선택이 쌓여, 나만의 본질을 형성해 가는 긴 여정이다. 그리고 그 길에서 "나는 누구인가?"라는 질문은 끊임없이 갱신된다. 정체성이 갱신되면 시간이 흐른 뒤 결국 단단해진 나를 만날 수 있을 거다. 고난 또한 계속해서 직면한다면 그 책임감은 내가 감당할 수 있는 무게들로 점점 가벼워질 것이다. 평정심은 이러한 과정들을 통해 생길 수 있다.

예술가의 예민함과 회피 성향

  예술가들은 일반적으로 남다른 감수성과 예민함을 지닌다.
예민함은 창작 과정에서 불가결한 에너지이며, 세계를 특별한
시선으로 파악하고 표현하는 힘의 원천이다. 이 예민함은 동
시에 현실 속에서 발생하는 갈등이나 문제를 직면하기 어렵게
만들기도 한다. 예민한 감수성으로 인해 작은 비판이나 충돌
에도 큰 타격을 받을 수 있어서, 도리어 문제 해결을 미루거나
외면하며 스스로를 보호하려는 심리를 보이곤 한다.

이러한 '회피 성향'은 많은 예술가들에게서 관찰된다. 예컨 대 주변 사람들과 마찰을 겪으면 즉시 대화를 통해 풀어내기 보다, 작업실에서 예술 활동에만 몰두하며 현실적 충돌을 회 피하기도 한다. 표면적으로는 "작업 중이라 신경 쓸 틈이 없 다"라고 말하지만, 실제로는 예민한 내면을 지키기 위해 분쟁 자체를 피하고 싶은 경우가 많다. 이러한 회피 방식은 단기적 으로는 감정적 에너지 소모를 줄이지만, 장기적으로는 갈등이 해결되지 않은 채 방치되어 나에게 더욱 무거운 짐처럼 느껴 진다.

아르투어 쇼펜하우어는《의지와 표상으로서의 세계》에서 예 술가는 일상에 스치는 사소한 현상이나 감정에도 유달리 예민 하게 반응하며, 그 안에서 숨겨진 보편적 진리를 포착하는 천 재성을 가지고 있다고 보았다. 쇼펜하우어에게 예술적 '천재 성'은 곧 극도로 발달한 감수성의 산물이다. 이 감수성은 세상 의 고통과 갈등을 일반인보다 훨씬 크게 체감하게 만들므로, 어떤 예술가들은 이를 방어하기 위해 문제를 애초에 보지 않 으려는 태도를 택한다. 즉, 예술가의 회피 성향은 단순한 무책 임이나 게으름이 아니라, 과도하게 예민한 내면을 방어하려는 본능적 대응이다. 이해는 하지만, 그 방법이 본인에게 좋지 않다는 것은 더욱 잘 알 것이라 생각한다.

회피 성향을 가진 사람들은 몇 가지 특성을 보인다. 첫째, 감정의 과부하를 피하려 한다. 예술가는 갈등 상황에서 소모되는 에너지가 매우 크다. 그래서 문제를 직면하기보다 시간을 벌거나 상황 자체를 피함으로써, 창작마저 불가능해질 수 있는 '감정 폭발'을 피하려고 한다. 생각할 시간이 필요한 것과 회피는 엄연히 다르다.

둘째, 해결책으로 내면의 고립과 몰입을 선택한다. 현실 문제를 해결하기보다, 창작 세계나 자신만의 세계에 더욱 깊이 빠져버리는 유형이 많다. 작품의 몰입감 속에서 현실의 고통을 일시적으로 잊으려는 것이다. 그러나 이때 대인관계나 실질적 업무 문제는 해결되지 않고 고스란히 남는다.

셋째, 완벽한 예술품을 만들려 한다. 예술가의 예민함은 완벽주의와 맞물려, 불완전한 시도를 두려워하게 만든다. 그래서 문제가 생겼을 때 '제대로 해결하지 못할까 봐' 애초에 시도하지 않는 식으로 회피가 심해지기도 한다.

이런 성향의 예술가는 갈등 상황에서 고립을 선택한다. 예술적 영감을 유지하려면 편안한 심리 상태가 필요하다는 믿음 때문에, 주변 갈등을 최소한으로 맞닥뜨리려는 경향이 있다. 이것이 쌓여 장기적 고립 상태로 이어지기도 한다.

회피성인 성격을 지닌 사람은 장, 단점이 각각 있다. 단점은 지속적으로 문제를 악화시킨다는 것이다. 현실의 갈등은 대부분 '무대응'으로 해결되지 않는다. 방치된 문제는 점점 더 복잡해지고, 나중에는 훨씬 큰 심리적 부담으로 귀결된다.

대인관계에 있어서 신뢰도도 하락할 수 있다. 협업이나 소통이 필요한 순간에도 회피가 반복되면, 주변 사람들은 무책임하게 여길 것이다. 이는 작가 생활이나 팀 프로젝트 등에서 결정적 기회를 잃게 만들 수 있다. 문제 해결 과정을 거치며 배우는 것들이 많은데, 회피로 일관하면 이를 경험할 기회가 사라진다. 결과적으로 예술 세계가 편협해지거나 발전 속도가 느려질 수 있다. 창작 범위도 제한될 우려가 있다. 현실을 외면하는 시간이 길어지면, 다양한 체험에서 비롯되는 예술적 자양분도 떨어진다. 결국 작품 주제나 표현 방식이 자기 안의 좁은 범위에만 머무를 우려가 있다.

그럼에도 장점으로는 창작에 에너지를 집중할 수 있다는 것이다. 문제가 불거질 때마다 소모될 에너지를 최소화함으로써, 일정 기간은 예술 활동에 몰입할 수 있다. 갈등 해소에 신경을 쓰지 않아도 된다는 심리적 여유가 작품 완성도에 영향을 준다. 섬세한 감정 표현을 할 수 있다. 예민함을 스스로 보호하기 위해 고립된 상태에 머무를 때, 오히려 내면 감정을 깊이 들여다볼 여유가 생긴다. 이를 작품으로 표현하기도 한다. 이 과정에서 섬세하고 독창적인 표현이 탄생한다. 일시적 심리 안정을 누릴 수 있다. 감당하기 어려울 만큼 힘든 상황에서 잠시 물러나 마음을 가다듬는 일은 예술가의 생존과 창작에 유익하게 작용할 수 있다.

노르웨이 화가 에드바르 뭉크는 1893년에 발표한 <절규>로 현대 미술사의 대표적 작품을 남겼다. 그는 일기를 통해 자연을 걷다가 '하늘 전체가 핏빛으로 물드는 듯한' 불안감을 느꼈다고 썼다. 단순히 하늘만이 그의 작품에 영향을 준 것은 아니다. 뭉크의 생애를 살펴보면 가족의 죽음과 잇따른 정신적 고통 속에서, 현실적 문제와 감정을 직접 해결하기보다는 그림에 몰두함으로써 자신을 보호하려 했던 흔적이 보인다. 그의 예민함이 외부 갈등을 더욱 극대화해 느끼게 했고, 이를 피하려는 태도가 오히려 압도적 회화 표현으로 연결되었을 가능성이 크다.

뭉크처럼 예민함과 회피 자체를 작품 주제로 삼아보자. 갈등을 직접 해결하기 어려운 이유나 불안, 고립감을 솔직하게 예술 작품에 녹여낼 수 있다. 단순한 도피를 넘어, 고통과 회피를 보편적 메시지로 확장하는 기회를 엿볼 수 있다.

예민함을 이용하기 위해 심리적 안전지대를 설정해 외부와 단절하기보단, 자신을 보호할 구역을 설정하자. 완전히 현실을 끊어내지 않되, 일정 시간이나 공간만큼은 외부 갈등을 잠시 접어두고 창작에 몰두할 수 있게끔 구역을 설정한다. 그런 뒤, 다른 시간에는 갈등을 서서히 해결해 나가는 '구획화' 전략이 가능하다. 예술가라 해도 현실 문제를 모두 피할 수는 없다. 나의 시간들을 해치지 않는 선에서 조금씩 갈등에 접근하고, 해결 노력을 기울이는 태도가 중요하다. 예민함을 온전히 포기하지 않으면서도, 현실을 외면하지는 않는 '적정선'이 필요하다.

만약 나의 상황에서 회피 성향이 극단적으로 심해지면 병리적으로 힘들어진다. 나만의 언어를 찾아보는 것도 예술적으로 긍정적인 영향을 끼칠 수 있다. 내가 그 프로젝트에 시간이 더 필요하거나, 요구사항에서 부담감이 느껴졌다면 감정은 빼고 나의 불편감과 상대의 수고에 감사를 더해보는 것이다.

회피 후 불편을 느끼지 말고, 지속 전문가 도움을 적극적으로 받자. 상담이나 예술 치료를 통해 문제를 인식하고 적절한 조언을 구하면, 예민함이 작품의 동력으로 지속되도록 조율할 수 있다. 실제로 상담을 온 많은 사람들이 비슷한 문제들을 겪고 있다. 상담을 통해 나에게 맞는 표현의 언어를 찾아보고, 그 갈등에서 느끼는 나의 미해결 감정들을 해결할 수 있고, 그 키는 나에게 달려있다는 사실을 잊지 말자.

예술과 연결

우리는 태어나는 순간부터 부모님과 연결되고 가족, 친구, 사회와 관계를 맺으며 살아간다. 예술가라면 더욱이, 예술이라는 언어로 세상과 소통해야 한다. 내 손으로 만드는 작품 하나, 내가 연주하는 음악 한 곡이 이 세상과 이어지고, 누군가에게 상처를 보듬고 기쁨을 주는 매개가 된다. 그렇기에 예술가에게는 '나'를 지키면서도 내 주변을 둘러볼 줄 아는 능력이 필요하다.

함께 일하기

존 던은 "외딴섬인 사람은 없다."라고 말했다. 인간은 결코 혼자 떨어져 살 수 없으며, 우리는 늘 누군가와 얽히고설켜 있다. 헬렌 켈러가 "혼자라면 적은 일을 하지만, 함께라면 큰 일을 해낼 수 있다".라고 한 것도 같은 맥락이다. 혼자서는 무언가를 해낼 수 있는 한계가 분명하지만, 함께할 때 더 큰 성장을 이룰 수 있다. 예술적 감각과 재능이 뛰어난 사람이더라도, 세상과의 연결을 철저히 차단해 버린다면 그 예술이 가진 힘을 충분히 펼치기 어렵다.

1922년에 발표된 엘리엇의 시 〈황무지(The Waste Land)〉는 오늘날 20세기 문학의 대표적 걸작으로 꼽히지만, 초고 단계에서는 파편화된 이미지만 있고, 산만한 상태였다. 엘리엇은 이를 어떻게 정리하고 완성도를 높여야 할지 고민하던 중, 문단에서 날카로운 비평과 편집 능력으로 유명했던 에즈라 파운드에게 원고를 보여 주었다.

파운드는 붉은 펜으로 불필요한 문단을 대폭 삭제하고, 시적 이미지를 재배열하는 등 과감한 수정을 제안했다. 엘리엇은 처음에 당혹스러워했지만, 곧 파운드의 통찰력에 공감하고 그의 수정을 받아들였다. 이렇게 재정비된 〈황무지〉는 발표 직후부터 큰 반향을 일으켰고, 모더니즘 시의 기념비적 작품으로 평가받기에 이른다.

이때 엘리엇은 출판본에 "더 나은 장인에게"라는 헌사를 남겼다. 이는 파운드가 작품 완성에 결정적인 기여를 했음을 인정하고, 함께 성장했다는 사실에 감사하는 표시였다. 만약 엘리엇이 혼자만의 힘으로 작품을 완성하려 했다면, 오늘날 우리가 아는 〈황무지〉와는 전혀 다른 결과물이 나왔을 가능성이 크다. 혼자 완성하는 것보다 연결되어 함께 작업하면 더 나은 작업을 할 수 있다. 물론 관계를 유지하는 것은 힘들다. 그래서 관계에 있어서 존중해주고 나의 예술성도 이해해 주는 관계라면 그 시너지는 어마어마할 것이다.

자연과 연결하기

자연과의 연결성도 빼놓을 수 없다. 나무 한 그루가 자라기 위해서는 땅, 물, 햇빛, 공기가 필요하고, 그 나무는 다시 산소를 내뿜어 인간과 동물의 삶을 지탱한다. 예술가 역시 이 자연의 일부로서, 자신을 둘러싼 환경과 호흡하며 색과 소리, 움직임을 작품에 녹인다. 외길만 바라보며 내 작품에만 몰두하는 것도 좋지만, 때로는 주변을 살피고, 세상과 새 실로 이어질 줄 아는 것이 예술가로서의 폭을 더욱 넓혀준다. 내가 바라보는 시야를 넓힐 줄 알아야 한다. 나라는 사람의 연결 점들을 찾길 바란다.

클로드 모네(Claude Monet)의 '수련(Water Lilies)' 연작은 자연과 연결의 극치다. 모네는 지베르니 정원 연못 속 수련을 매일같이 관찰하고, 시간대와 빛의 각도에 따라 끊임없이 달라지는 색채와 분위기를 화폭에 담았다. 클로드 모네는 특히 시간의 흐름에 따라 같은 사물을 많이 그렸다. 단순하게 예쁘니까 담는다가 아닌, 시간의 흐름에 따라 변화하는 사물, 그리고 내가 관찰하는 시점까지 표현했다. 단순한 재현을 넘어, 물결에 따라 흔들리는 나뭇가지나 햇살의 미묘한 변화까지도 작품에 담아냈다.

창작자가 자연과 유기적으로 연결되어 있음을 인정하고, 그 관계 속에서 무한한 영감과 가능성을 찾을 수 있다. 주변 환경과 긴밀히 상호작용하고, 자연의 요소들을 열린 마음으로 받아들여 비로소 더욱 풍부한 표현과 예술적 성취를 이룰 수 있었다.

관객과 연결

연결을 통해 내면에 담아둔 '색상'들은 더욱 다양하고 깊어
진다. 정서적 풍요는 나의 삶을 의미 있게 만들고, 그 의미가
예술로 표현할수록 예술의 깊이는 깊어진다. 연결이 결여된
삶은 나는 내가 어느 상황에서 이득을 보는가, 손해를 보는가
에만 집중하게 될 수 있다. 예술은 태생적으로 창작자와 관람
자의 연결을 전제로 한다. 나는 오랜 시간 음악을 했다. 비올라
를 하는 동안 깨달은 사실은 음악으로 누군가가 행복해질 것
이라는 마음이다. 지금도 상담이나 연구를 하면서 내담자가
진심으로 행복해지길 빈다. 누군가에게 어떤 행복을 줄 수 있
을지를 고민하려는 태도는 우리 삶에서 매우 중요한 요소이
다. 계속해서 내가 도움을 줄 수 있는 사람이나 장소들을 찾아
보는 것 또한 중요하다.

물론 모든 연결이 언제나 즐거운 것만은 아니다. 누군가와
얽히는 게 불편하고, 상처가 될 때도 있다. 그렇다고 해서 연결

자체를 포기하는 건 나를 더 궁지로 몰아넣을 뿐이다. 최근에는 관계에 있어서 쉽고 간결하게 답을 내는 사람들이 더러 등장한다. '싫으면 떠나면 그만이지.' 이 말은 나를 지키고 방어하는 방패가 될 수 있다. 피하는 것이 편하지만 늘 답은 아니다. 사람이란, 결국 상호 의존적인 존재이며, 예술가라면 그 사실을 더욱 깊이 실감하게 될 것이다. 관계에 있어서 진중한 태도는 필요하다. 연결하기 위해서 나라는 뿌리가 깊어야 하고, 그래야 같은 힘을 지탱할 수 있는 뿌리 깊은 사람과 연결될 수 있을 것이다. 예술이란, 내 목소리를 세상에 건네고, 그 세상으로부터 다시 영감을 받아들이는 '소통의 장(場)'이기 때문이다.

삶의 본질은 연결 속에 있다. 그리고 예술가는 그 연결을 '작품'이라는 특별한 매개체로 더 풍요롭고 강렬하게 만들어낸다. 세상과 단절되지 않으려면, 오늘 하루를 예술가인 '나'로서, 동시에 이 세상의 '한 사람'으로서 충실히 살아가야 한다. 내가 의미 있는 사람이 되어야만, 내가 만드는 예술도 더 의미 있어진다. '나'라는 존재 안에 다양한 빛깔을 채우고, 그것을 이웃과 교환하며, 함께 성장하는 길이 필요하다.

여러분에게 내가 겪은 일을 말하는 것을 용서해 주십시오. 이 일은 내가 죽음이 두려워서 부정에 굴복하지는 않으리라는 것, '내가 굴복하기를 거절한다면' 당장 나는 죽게 되리라는 것을 입증해 줄 것입니다.

소크라테스

삶의 클라이막스

음악에서 클라이맥스는 감정적으로 가장 고조되는 지점이다. 곡의 흐름 내내 쌓여온 긴장과 에너지가 빵!하고 터지는 순간, 청중에게는 가장 강렬한 인상을 남긴다. 삶에서도 마찬가지다. 개인마다 언젠가 찾아올 절정의 순간^{감정이 극도로 치솟거나 인}^{생의 결정적 전환점을 맞닥뜨리는 시점}이 있을 것으로 믿는다. 지금 시작하는 예술가들도 그때의 모습을 바라며 달려가고 있지 않은가? 예술가의 여정도, 마치 음악에서의 클라이맥스처럼 아름답고 풍부하게 만들어내기 위해서는, 오랫동안 흐르는 '전개' 과정이 필요하다.

음악에서 다이내믹, 화성 변화, 멜로디, 리듬, 오케스트레이션이 클라이맥스를 만들어내듯, 우리 삶에서도 다양한 요소들이 인생의 절정을 향해 조금씩 우리를 이끈다.

다이내믹: 점점 바빠지고, 삶의 소리가 커지는 순간. 내 안의 열정이 폭발하며, 나만의 진취적 흐름이 빛을 발할 수 있다. 삶의 강약이 있듯 열정을 가지고 빠르게 치고 나가는 날이 있다면 조금은 여리게 나아가는 날도 있는 법이다.

화성 변화: 환경이 바뀌거나, 주변 사람들이 떠나거나 새롭게 찾아오는 전환점. 예상치 못한 변수나 흐름의 변화가 오히려 인생의 큰 전기가 되기도 한다. 화성은 음표 혼자 낼 수 없다. 함께 내야 한다.

멜로디: 내 일상에서 반복되는 습관이나 행동 양식. 사소해 보이지만, 그것이 쌓여 나만의 고유한 '멜로디 라인'을 형성한

다. 멜로디는 패턴을 갖기도 한다. 삶의 습관이나 양식을 고유한 패턴으로 만들어 일정한 삶을 유지하자.

리듬: 긴장감이 고조되는 순간이나, 예상치 못한 속도 변화가 찾아올 때. 이때 비로소 삶이 극적으로 느껴진다. 다음 장면을 준비할 수 있도록, 동기를 부여한다.

오케스트레이션: 내 주변 사람들(가족, 친구, 동료, 멘토 등)과의 협업과 관계. 함께할수록 풍부해지는 '사운드'가 삶을 더 다채롭게 만든다. 삶의 다양한 면모가 하나가 될 때, 그 속에서 아름다움을 느낄 수 있다.

클라이맥스는 그 자체로 존재하지 않는다. 삶의 다양한 면모를 수용해야만 비로소 클라이맥스를 향해 나갈 수 있다. 클라이맥스를 만들어가는 과정에서 중요한 건, 너무 서둘러 그 순간만을 바라보지 않는 태도다. 끊임없이 "언제 최고조에 달할까"를 고민하기보다는, 내 삶의 '다양한 장치'를 꾸준히 다듬고 쌓아가는 편이 훨씬 현실적이다. 내가 원하는 방향을 설정하고, 그에 맞는 속도로 움직여야 한다. 남들이 정해놓은 속도, 예컨대 "몇 살 때까지는 이런 과정을 거쳐야 해"라는 말에 굳이 맞출 필요는 없다. 그 속도가 나 자신의 방향과 가치를 흐려놓는다면, 오히려 내 음악(인생)을 망치게 될지도 모른다.

결국 삶의 클라이맥스는 속도와 방향의 조화 속에서 피어난다. 본질에서 멀어지는 방향으로 내달리면 아무리 빨라도 내공이 쌓이지 않는다. 음악도 어울리는 템포가 있다. 결코 모든 음악이 메트로놈에 백프로 맞춰나가지는 않는다. 반면, 나만의 방향과 가치를 지키며 한 걸음씩 나아가면, 비록 속도가 더딜지라도 결국 내가 원하는 클라이맥스에 도달할 가능성이 크다.

- 속도보다 방향: 무엇보다 '어떤 길을 걷고 싶은지'가 먼저다.
- 내공 쌓기: 충실한 전개 과정을 통해 클라이맥스를 자연스럽게 맞이하라.
- 자기만의 속도: 남들이 정해주는 속도를 맹목적으로 따를 필요는 없다.

인생은 한 편의 긴 곡이다. 아직 서곡이나 중간 전개부일 수도 있고, 어쩌면 미처 알아채지 못한 클라이맥스가 다가올 수도 있다. 중요한 건, 그 곡의 주인공인 내가 어떤 멜로디를 쌓고, 어떻게 화음을 변화시키며, 언제 템포를 바꿀지를 스스로 결정하는 것이다. 그러니 걱정하며 내 삶의 클라이맥스를 찾기보다, 인트로로 나의 도입을 열어보고, 중간중간 멜로디와 화음을 쌓아보길 바란다.

회복 탄력성

넘어진 순간을 떠올리면, 그 안에는 민망함이 함께 따라
온다. 마치 주변 사람이 모두 나를 보는 것 같아 얼굴이 붉
어지고, 그저 빨리 일어나 도망가고 싶어진다. 그러나 정작
중요한 건 넘어졌을 때 느낀 그 무거운 감정이 아니라, 결
국 다시 일어설 수 있는 힘이 있느냐다. 이 힘을 '회복탄력성
(Resilience)'이라 부른다. 예술의 길은 불확실성과 도전으로
가득 차서, 때로는 부정적 평가나 실패, 창작의 고통이 뒤따른
다. 그럴 때마다 자기 자신을 일으켜 세우고, 다시 작품에 몰두

할 수 있게 회복탄력성을 길러야 한다.

실제로 회복탄력성은 예술계뿐 아니라, 정치·경제·학문 등 사회 전반에 걸쳐 중요한 화두가 되고 있다. 특히 예술 분야에서는 작업하는 과정 자체가 길고 고통스러운 경우가 많으며, 개인적 영역에서 비롯된 상처나 트라우마를 작품에 직접 반영해야 하는 상황도 적지 않다. 이런 맥락에서 예술가가 겪는 '넘어짐'은 단순한 실수나 시행착오가 아니라, 자아 정체성과 밀접하게 맞물려 있어 더욱 치명적으로 다가올 수 있다.

프리드리히 니체는 자신을 죽이지 못하는 고난은 스스로를 더 강하게 만드다고 말했다. 생존을 위협하는 커다란 고난이라 할지라도, 결국 극복하기만 한다면 이전보다 한 단계 성장한 자신을 마주할 수 있다는 의미를 담고 있다. 스스로 일어설 힘을 갖춘다면, 더 강한 사람이 될 것이다. 고통이 오히려 새로운 영감이 되고, 새로운 길을 열어 줄 것이다.

회복탄력성을 키우기 위해서는 먼저 자신에게 다가오는 부정적 감정이나 실패를 있는 그대로 인지해야 한다. 여기서 중요한 것은 '부정'하거나 '왜곡'하지 않는 태도다. 인간은 고통이나 수치심을 느끼면 이를 외면하려는 경향이 있는데, 이러한 태도는 상처를 덮기만 할 뿐 궁극적인 해결로 이어지지 않는다.

나 또한 이전에 회복탄력성을 기르기 위해 많은 노력을 했었다. 이전에는 혼자 유럽을 여행하면서, 계획을 거의 짜지 않고 호텔에 가서 방이 있냐고 물어보며 돌아다니고, 이후의 여행할 나라를 정하지 않고 실패를 계속해서 하며 대처하는 연습을 해봤던 적이 있다. 그때 느낀 건 화려한 대처를 하지 않아도 나의 삶과 달콤한 순간들이 흘러간다는 것이다. 그 한 문장을 들고 한국을 온 나는 완전히 다른 사람이 되어 있었다. 그러니 넘어지는 연습을 하고 자신을 일으키게 도와주는 과정을 경험해 보았으면 한다. 만약, 예상치 못한 상황이 나타나도 나의 방향과 목적이 명확하다면 그런 나를 다독이면서 앞으로 걷는 방법들을 고민하게 된다.

반면, 내면에서 일어나는 복합적 감정을 솔직하게 받아들이고, 그 원인과 과정을 하나씩 점검하다 보면, 더 나은 방향으로 나아갈 단서를 발견할 수 있다.

또한 주변의 '지지 체계'를 적극 활용하는 것도 좋은 방법이다. 예술가라 해도 결국 혼자만의 힘으로 모든 문제를 극복하기란 어렵다. 동료 예술가나 스승, 가족, 친구 등 다양한 사람이 주는 정서적·실질적 지원은 넘어졌을 때 다시 일어날 수 있는 디딤돌이 된다. 프리다 칼로 역시 남편이자 예술가였던 디에고 리베라의 격려와 주변 화가들의 관심을 통해 작업을 이어 갔다. 사람 간의 유대와 관심은 상처받은 예술가에게 생각 이상의 큰 힘을 제공하고 회복 탄력을 제공한다.

회복탄력성이 없다면 작은 실패에도 위축되어, 더 큰 도전을 시도하지 않게 된다. 창작에는 필연적으로 실험정신과 모험이 뒤따르는데, 실패를 두려워하다 보면 표현 영역이 점점 제한될 수밖에 없다. 이는 예술 세계에서 독창성이나 혁신성을 추구하기 어렵게 만들고, 자신만의 고유한 스타일을 찾는 과정을 방해한다. 더 나아가, 잦은 좌절에 반복적으로 노출되면서 상실감이 커지고, 결국 예술 활동 자체를 중단해 버리는 사태로 이어질 수도 있다.

예술가에게 회복탄력성은 선택이 아니라 필수 조건이라고 해도 과언이 아니다. 작품을 완성해 가는 일련의 과정은 시행착오와 실패, 혹은 예기치 못한 우연과 마주함으로써 오히려 풍부해지기도 한다. 그러므로 '넘어짐' 자체를 마냥 두려워하기보다는, 넘어진 후에도 다시 일어설 수 있다는 믿음과 역량을 갖추는 것이 중요하다.

회복탄력성은 유연한 태도만 가져도 증가한다. 마음을 먹으면 태도가 바뀌지만, 태도를 바꿔도 마음이 바뀐다. 마음만 먹으면 어느 정도의 부정적 평가나 실패를 딛고 일어날 수 있다. 한 번 태도를 바꾸면 다음은 더욱 적용하기 쉽다.

회복탄력성은 타고나는 것이 아니다. 훈련과 실천을 통해 충분히 길러낼 수 있는 능력이며, 넘어졌을 때의 민망함과 무력감조차 발전의 자양분으로 삼을 수 있다. 그때마다 유연한 태도를 견지하다 보면, 언젠가 더 큰 창작의 밑거름이 될 것이다. 우리가 다시 일어설 때마다 예술적 성장은 점점 두드러질 것이다. 넘어졌을 때 '부끄럽다'라는 감정에만 사로잡히지 말고, 기꺼이 다시 일어나 빛을 향해 나아가는 자신을 믿어보자. 태도를 바꾸고 실패를 경험할수록 회복탄력성은 점점 좋아질 것이다.

늘 배우기

"내일 종말이 온다고 생각하며 살고, 영원히 살 것처럼 배워라." 마하트마 간디의 이 말처럼, 배움은 끝이 없는 과정이며, 삶 속에서 계속 이어져야 한다. 창작을 지속하는 한, 우리는 늘 새로운 시각을 얻고 세상을 더욱 깊이 이해하는 과정을 반복하게 된다. 그리고 그 배움은 타인을 위한 창작 이전에, 나를 위한 성찰에서부터 시작된다.

아티스트마인드핏을 함께 시작해 지금까지 함께하고 있는 팀원이 있다. 내가 입시학원에서 생활 상담을 진행하던 시절,

그는 학생들의 스케줄을 조율해 주던 조교였다. 그분은 늘 배움에 대해 질문하곤 했다. "쌤님은 앞으로 무엇을 배우고 싶어요? 그거 배우고 나서 어떠셨어요?" 새로운 길로 전환하고 혼자 고독하게 지내던 나에게 그 질문들은 얼마나 심장을 떨리게 했는지 모른다. 이처럼 배움을 함께 나누고, 서로에게 질문을 던질 수 있는 관계가 있다는 것은 얼마나 큰 행운인지 새삼 깨닫게 되었다.

나는 오랫동안 배움을 '필요'한 것으로만 여겨왔지만, 팀원과의 관계를 통해 그 생각은 조금씩 바뀌었다. 배움은 때로 기분을 환기시키기도 하고, 다음 단계로 나아가는 계기가 되기도 하며, 단순한 재미에서 비롯되기도 한다. 그와 배운 것을 나누며 이야기할 때마다, 배움은 단순한 정보의 축적이 아니라 감정을 주고받는 대화라는 걸 느낀다. 지식을 나누는 것뿐 아니라, 감정을 함께 나누는 것 또한 배움의 연장선임을 알게 되었다.

"본인에게 배움의 방향을 제시해주는 사람이 있다면, 그에게 감사함을 느끼며 살아가고 있는가?"

러시아의 심리학자 레프 비고츠키는 인간은 타인과의 관계 속에서 더 깊은 배움에 도달한다고 말했다. 그는 우리가 스스로는 아직 도달하지 못한 가능성의 영역을 '근접발달영역'이라 부르며, 그 영역을 열 수 있도록 도와주는 존재가 바로 타인이라고 보았다. 우리는 관계를 통해 동기부여를 얻고, 새로운 시선을 배우며 살아간다. 그렇기에 곁에 있는 사람들과의 연결은 곧 나만의 세계를 단단히 구축하는 기반이 된다.

맹자는 "배움이 없는 사람은 짐승과 다를 바 없다."고 말했다. 그는 인간이 본래 선한 성정을 지니고 있지만, 이를 갈고닦지 않으면 짐승과 다름없다고 보았다. 학문과 배움의 길은 단순한 지식 습득이 아니라, 잃어버린 본심을 되찾는 과정이다. 인간은 본래 감수성과 도덕성을 지닌 존재지만, 그것은 저절로 드러나지 않는다. 우리는 삶 속에서 그것을 어떻게 발견하고 회복할 수 있을지를 끊임없이 묻고 다듬어야 한다.

심리학자 앨버트 반두라는 '자기효능감(self-efficacy)', 즉 '나는 할 수 있다.'는 내적인 믿음이 인간의 행동과 삶의 질을 결정한다고 보았다. 이 자기효능감은 반복된 배움과 성공 경험을 통해 형성된다. 배움은 단지 무언가를 아는 것이 아니라,

삶을 능동적으로 살아낼 수 있다는 자신감을 키우는 심리적 기반이다. 예술가에게도 배움은 단순한 기술 연마를 넘어, 자신을 탐구하고 감정을 언어로 쌓아가는 여정이다. 꼭 책을 읽거나 강의를 듣는 것만이 배움은 아니다. 실패, 도전, 방황조차도 예술가에게는 귀한 배움이 된다. 그것은 지식이 아니라, 삶의 결을 따라 쌓인 감정의 언어이며, 언젠가 표현이라는 형태로 빛을 발하게 된다.

그리고 이 모든 과정을 통해 우리는 조금씩 깨닫는다. 나는 느낄 수 있다. 표현할 수 있다. 살아낼 수 있다. 이 믿음은 거창한 이론에서 오는 것이 아니라, 아주 작고도 사적인 배움의 순간들, 그리고 그 경험을 마주하고 대처해낸 내 안의 목소리에서 비롯된다. 그렇기에 예술가에게 배움은 멈추지 않는 감정의 호흡이고, 자신을 지켜내는 가장 조용한 힘이다.

과도한 몰입의 해로움

　비올라를 연주할 때, 왼쪽 턱 아래가 쓸리고 짓무르기도 했다. 그 상처들이 나의 고생을 입증해 주는 것 같았다. 결과를 보여줄 무대가 적어서 상처들이 고생한 시간을 설명할 수 있다고 착각한 적도 있었다. 그런데 돌이켜보면, 그 '멋짐'에만 취해 삶의 다른 부분들을 제대로 돌보지 못했던 것 같다. 나의 일상적 리듬이 엉망이 되고, 번아웃도 찾아온 적이 수도 없이 많다. 예술을 전공하는 사람이라면, 이렇게 어느 한쪽에만 과도하게 몰입하다가 다른 영역을 소홀히 하게 되는 경우를 흔히 겪곤 한다. 그래서 작업과 휴식의 균형을 맞추는 일은 단순히 '쉬기 위한' 것이 아니라, 예술을 행할 예술가를 위해 필수적이다.

예술 활동은 직업을 넘어, 예술가의 정체성과 밀접하게 연결되어 있다. 작업은 곧 예술가의 열정이자 자기표현이며, 본질적으로 삶의 중심축에 자리한다. 과도한 몰입이 계속되면 신체적·정신적 피로가 쌓여, 결국 창의성을 잃고 작품에 대한 열정마저 시들해진다. 나에게 벌어진 상황이나 작품을 준비하는 과정에서 과도하게 몰입되어있다면 내가 왜 이렇게 몰입하고 나를 갉아먹는지 이유를 찾아보아야 한다. 지금 연필을 꺼내 아래에 적어보자.

첫 번째, 내가 어떤 것들에 과도하게 몰입되어 있는지 되짚어보자.

두 번째, 내가 몰입을 왜 하고 있는지 생각하고 글을 작성해

보자. 분명 이유가 있다. 나를 보호하고자 계속해서 꼬리에 꼬리를 무는 것인지 확인할 필요가 있다. 우리 모두가 결핍이 있다. 나의 결핍을 알아주는 순간 숨통이 트이고, 방패를 들고 나를 방어하는 데에 집중하는 것이 아니라 나를 진정으로 품 안에서 안아주고 싶은 연약하지만 강한 내가 보인다.

세 번째, 몰입의 과정에서 내가 통제할 수 있는 것과 아닌 것을 구별해보자. 이 작품을 잘하기 위해서 내가 통제할 수 있는 것을 걸러내는 작업이 필요하다. 우리의 삶 시간에서 생각보다 내가 통제할 수 없는 것들에게 끌려다닐 때가 많다. 그러니 구분해서 글로 적어서 두 눈으로 보길 바란다.

그리고 네 번째, 신체 건강을 돌봐야 한다. 예술가들, 특히 연주자나 무용수처럼 몸을 주로 쓰는 분야에선 부상 위험이

높고, 장시간 서 있거나 앉아 있는 시간이 많아 근골격계 통증을 호소하는 경우가 잦다. 규칙적인 운동이나 스트레칭은 신체 피로를 줄여주고, 충분한 수면과 건강한 식습관은 예술가의 창작 에너지를 뒷받침해 준다. 공연 전후 긴장된 근육을 풀어주는 스트레칭은 몸에 누적된 부담을 해소하는 데도 큰 도움이 된다.

베토벤도 작곡에 몰두하다가 한계를 느끼거나 머릿속이 복잡해질 때면, 비엔나 근교의 숲속으로 걸음을 옮겼다고 전해진다. 제자인 카를 체르니 역시 베토벤이 매일 일정 시간을 들여 숲길을 산책하며 악상을 떠올렸다고 증언한 바 있다. 이 산책은 단순한 '멍 때리기'가 아니라, 자연 속에서 신선한 자극을 받고 머릿속을 환기하는 창의적 휴식이었다. 베토벤은 산책 후에 다시 피아노 앞에 앉으면, 이전에 막혀 있던 구절이 쉽게 풀리거나 뜻밖의 선율을 떠올릴 수 있었다. 이는 평소와 다른 공간에서 잠시 거리를 두고 에너지를 회복함으로써, 뇌가 새로운 아이디어를 떠올릴 여지를 얻었기 때문이다.

마지막으로, 자신의 한계를 인정하고 받아들여야 한다. 예술가들은 종종 스스로에게 완벽함을 강요하고, 작은 실수조차 용납하지 않으려는 경향이 있다. 혹은 자신이 소화할 수 있는 업무량을 넘어 '이상적'으로 가능한 수준의 작업 시간을 가지려 한다. 하지만 지나친 자기비판 혹은 과도한 작업은 창의성을 억누르고, 금세 번아웃에 빠지기 쉬운 환경을 만든다. "지금의 나도 충분하다"라는 마음으로 작업에 임할 때, 압박에서 벗어나 자신을 객관적으로 볼 수 있게 된다. 비로소 더 폭넓은 시도를 해볼 수 있다.

비올라를 오래 연습해 왼쪽 턱 아래가 짓무르는 경험을 했던 것처럼, 예술가는 종종 '힘겨운 열정' 속에 살곤 한다. 하지만 그 열정이 나를 망가뜨리지 않으려면, 지속 가능하도록 관리하고 조율해야 한다. 나만의 속도로 작업에 몰두하되, 적절한 휴식과 돌봄을 통해 신체와 정신을 균형 있게 유지한다면, 예술이라는 긴 여정을 오래도록 건강하게 걸어갈 수 있을 것이다. 내가 관객들에게 보여주는 것에 몰입하기보다 내가 나만의 관객이 되어 나의 삶을 몰입하길 바란다.

그러므로 누군가가 말했듯이, 불은 금을 시
험하고, 불행은 강인한 사람을 시험한다.

세네카

스스로 동기 부여하기

　어릴 적에는 무대에 올라가 연주하기만 하면 되는 상황이었
다. 이미 준비된 길이 있었고, 나는 그 길 위에서 시동만 걸면
됐다. 어떤 음악을 연주할지, 언제 무대에 오를지, 이미 정해진
스케줄과 목표가 있었으니, 청소년 시절엔 시동을 거는 방법
도 자연스럽게 익힐 수 있었다. 그런데 성인이 되고 보니, 무대
위로 올라갈지 내려갈지, 언제, 어떻게, 무엇을 연주할지도 전
부 스스로 결정해야 했다. 시동은 걸고 싶은데 정작 기름이 떨
어졌고, 어디서 기름을 구해야 하며 어떤 기름을 넣어야 내 엔

진이 잘 돌아가는지를 도무지 알 수 없었다.

　이것저것 시도했다. 주위 사람들의 조언을 무작정 받아들이기도 하고, 영감이 생길 것 같은 곳으로 여행을 떠나 보기도 했다. 서점에 가서 평소와 다른 분야의 책들을 한 권씩 읽어보기도 했으며, 미친 듯이 연습하거나 반대로 전혀 손도 대지 않고 쉼으로 가득한 시간도 가져봤다. 그러나 그런 시행착오 가운데 알게 된 건, '나에게 맞는 기름'을 남이 대신 정해줄 수는 없었다. 누군가의 눈엔 기막힌 방식처럼 보여도, 내겐 전혀 맞지 않을 수 있었고, 반대로 별로 특별해 보이지 않는 방법이 의외로 날 움직이게 만들기도 했다.

　알베르 카뮈가 인생은 삶을 준비하는 과정에서 만들어진다라고 했듯, 기름을 찾는 과정 자체가 나를 이해하는 여정이 되었다. 준비하는 동안 나는 수없이 많은 시행착오를 겪고, 그때마다 무엇이 내 엔진을 멈추게 하는지, 다시 돌게 하는지를 조금씩 깨달았다. 예술을 한다고 해서 음악만이 삶의 전부가 될 순 없었다. 몸과 마음이 완전히 방전된 상태로는 도무지 연주가 되지 않았다. 정작 필요한 건 내 삶 전체를 돌보는 일이었고, 그 일 안에는 쉬고, 먹고, 자고, 울고, 웃는 모든 활동이 포함되었다.

지금은 내가 어떤 기름을 채워야 할지, 어디로 향해야 하는지, 운전대를 어떻게 잡을 것인지 대략 감이 온다. 물론 불안과 두려움은 여전히 곁에 있다. 하지만 그 불안도 내가 살아있음을 증명하는 기름 중 하나라고 생각하기로 했다. 셀 수 없이 넘어지고 다시 일어나 보니, 내가 정말로 가고 싶은 길이 조금씩 선명해졌고, 그 길을 가는 것이 얼마나 소중한 일인지 더 많이 느끼게 되었다. 시동을 걸고 나아가는 것, 그 자체가 내 삶을 음표 하나하나로 채워주는 과정이었다. 결국 중요한 건 멈추지 않고, 다시 일어나 시동을 거는 용기였다. 스스로에게 동기를 부여하는 힘이 삶의 방향을 잃지 않고 계속 앞으로 나아가는 원동력이 될 것이다.

모든 예술가들이 자신의 빛으로
세상에 따뜻한 지혜와 감동을 선물해주길.

예술가를 위한 감정 수업

초판 1쇄 발행 2024년 3월 28일

저자 윤솔

펴낸이 김영근

편집 김영근 최승희 한주희

디자인 김영근

펴낸곳 마음 연결

주소 경기도 수원시 팔달구 인계로 120 스마트타워 604

이메일 nousandmind@gmail.com

출판사 등록번호 251002021000003

ISBN 979-11-93471-47-0

값 18000